2021 트렌드 노트

2021 트렌드 노트
공통의 경험, 새로운 합의

2020년 10월 26일 초판1쇄 발행
2020년 11월 5일 초판2쇄 발행

지은이 정유라, 박현영, 백경혜, 구지원, 조민정, 정석환, 신수정

펴낸이 권정희
펴낸곳 ㈜북스톤
주소 서울특별시 성동구 연무장7길 11, 8층
대표전화 02-6463-7000
팩스 02-6499-1706
이메일 info@book-stone.co.kr
출판등록 2015년 1월 2일 제2018-000078호
ⓒ 정유라, 박현영, 백경혜, 구지원, 조민정, 정석환, 신수정
(저작권자와 맺은 특약에 따라 검인을 생략합니다)
ISBN 979-11-87289-99-9 (03320)

이 책의 국립중앙도서관 출판예정도서목록(CIP)은 서지정보유통지원시스템 홈페이지(http://seoji. nl.go.kr)와 국가자료공동목록시스템(http://www.nl.go.kr/kolisnet)에서 이용하실 수 있습니다.(CIP 제어번호: CIP 2020042406)

책값은 뒤표지에 있습니다. 잘못된 책은 구입처에서 바꿔드립니다.

북스톤은 세상에 오래 남는 책을 만들고자 합니다. 이에 동참을 원하는 독자 여러분의 아이디어와 원고를 기다리고 있습니다. 책으로 엮기를 원하는 기획이나 원고가 있으신 분은 연락처와 함께 이메일 info@book-stone.co.kr로 보내주세요. 돌에 새기듯, 오래 남는 지혜를 전하는 데 힘쓰겠습니다.

2021 트렌드 노트

—— 공통의 경험, 새로운 합의 ——

정유라 · 박현영 · 백경혜 · 구지원 · 조민정 · 정석환 · 신수정 지음

넉스톤

코로나19가 건드린 것들

: 생활변화관측소 박현영 소장 인터뷰

Q. 벌써 《2021 트렌드 노트》를 준비할 때가 됐네요. 저희가 2월에 기획회의를 하면서 책이 출간될 때 코로나19가 얼마나 영향을 미치고 있을지에 따라 책의 전개방향이 달라질 것 같다는 얘기를 나누었는데, 전혀 변함이 없습니다. 책의 주제가 코로나19는 아니지만 한 번은 짚고 넘어가야 할 것 같습니다. 데이터를 통해 생활의 변화를 관측하는 생활변화관측소에서 보시기에 코로나19 전후로 우리 생활은 많이 바뀌었나요?

A. 제가 아는 지방공무원 한 분은 전혀 바뀌지 않았다고 말씀하십니다. 앞으로도 많이 바뀌지 않을 거라고 보시더군요. 그 지방의 확진자는 (2020년 7월 기준) 0명입니다. 직장은 재택근무를 하지 않습니다. 아이들은 학교에 가지 않지만 낮에 이분은 집에 계시지 않기 때문에 '아이가 머무는 집'과 '학교 가는 집'의 차이를 느낄 수 없습니다. 쇼핑은 원래도 안 했고 더군다나 온라인 쇼핑은 예나 지금이나 하지 않습니다. 그분의 친구들도 유사한 상황이므로 어울리는 패턴은 예나 지금이나 같습니다. 해외여행을 즐기지 않았던 데다 그 지방은 바닷가여서 여름휴가를 못 가는 아쉬움도 적습니다.

반면에 제가 아는 또 다른 분은 자신의 삶과 사고방식이 송두리째 바뀌었다고 합니다. 앞으로 어떻게 될지 본인도 알기 어렵다더군요. 그분은 대학에서 학생들 가르치는 일을 하는데, 나이가 많지 않음에도 모든 강의를 온라인으로 진행하면서 자괴감을 느꼈다고 합니다. 이전에는 모든 여가활동이 집밖에서 이루어졌는데 그럴 수 없게 되었으니 집에서 할 수 있는 생산적인 일을 찾게 되었다고도 했습니다. 식물 기르는 일, 유튜버 레시피를 따라 요리하는 일, 내가 살아 있음을 증명하기 위해 만든 요리를 찍어 올리는 일, 그러기 위해 하얀색 식탁을 사는 일이 그것입니다. 본인이 결코 하지 않을 것 같았던 밖에서 자는 일(캠핑을 두 번이나 다녀왔고), 햇볕 아래 앉아 있는 일(한강에 나가 책을 읽었고)을 했고, 그러기 위해 캠핑 장비를 사고, 심지어는 정말로 자신과 상관없을 줄 알았던 '결혼을 해야 할까?'라는 생각도 해보았다고 합니다. 이렇게 계속하다간 본인이 어떻게 될 수도 있겠다는 생각도 했다고 합니다. 그분의 고향은 대한민국 확진자 중 52%가 있는 곳이어서 코로나19 이후 고향 부모님이나 형제자매를 한 번도 만나지 못했다고 했습니다.

상황에 따라 생활의 변화 정도는 다릅니다. 그러니 변화의 정도가 아니라 방향을 봐야겠지요. 방향은 어디로 갈까요? 방향은 그대로 갑니다. 우리가 말했던 그 방향, 혼자만의 시공간이 중요하다, 불편한 사회적 관계는 거부하고 은밀하고 느슨한 취향 기반의 연대를 모색한다, 가족과 집은 1인 가구 시대에도 여전히 중요하다, 디지털 월드의 방대한 정보와 플랫폼, 똑똑한 소비자는 탐색하고 조합하여 전문가가 된다, 이런 시대에 브랜드는 인간처럼 굴어야 한다, 자신의 캐릭터를 분명히 하고 솔직하고 투명하게 소통해야 한다. 《2020 트렌드 노트》에서 이야기한 핵심 주제는 더욱 강화되었습니다. 단, 속도가 더 빨라졌습니다. 저변도 더 넓어졌지요. 이런 변화를 감지하지 않았고 변화에 동참하지 않을 것 같던 사람들까지 참여하게 된 것입니다. 말하자면 평행우주에서 통합우주로 나아가게 된 것이죠.

▎Q. 평행우주, 통합우주라니 흥미롭네요. 더 자세히 말씀해주십시오.

▎A. 제가 평행우주라 표현한 것은 사회학에서 말하는 '비동시성의 동시성' 같은 것입니다. '오늘의집'은 1000만이 넘는 다운로드 수를 기록한 국내 1등 인테리어 앱이지만, 이런 게 있는지조차 모르는 사람들이 여전히 많습니다. 화장품 쇼핑은 온라인과 드러그스토어로 넘어갔다고 진즉부터 업계에서 이야기했지만 적지 않은 거래가 방문판매를 통해 일어납니다. 사회는 비합리적 권위가 지배하는 전통사회에서 합리적 제도가 지배하는 근대사회로, 다시 탈구조화되고 개인화되는 후기산업사회 혹은 포스트모던 사회로 나아가고 있지만 전통사회의 사고방식과 포스트모던적 사고방식은 동시에 존재하고 있었습니다.[1] 마치 평행우주처럼 각자의 세계를 살아

---

1) 비동시성의 동시성, 전통사회에서 후기산업사회로의 사회진화 방향은 〈2020 오피니언 마이닝 워크숍, '바이러스와 함께 사는 삶'〉에서 서강대학교 사회학과 오세일 교수의 강연 "Post-COVID, 더 건강한 사회에 대한 성찰"을 참조하였다.

《2020 트렌드 노트》의 핵심 내용	코로나19 이후 더욱 강화
혼자만의 시공간이 중요하다.	재택근무·온라인 수업·모임 축소 등으로 생긴 긴 시간, 같은 공간에 모인 가족 구성원들은 자기만의 시공간을 확보해야 할 필요성을 그 어느 때보다 절실히 느꼈다.
불편한 사회적 관계는 거부하고 은밀하고 느슨한 취향 기반의 연대를 모색한다.	사회적 거리 두기는 불편한 사회적 모임을 거부할 훌륭한 명분이 되었다. 점심은 혼자, 회식은 종말, 친척 모임은 거부, 내가 좋아하는 취미는 온라인으로, 그러나 내가 좋아하는 사람이라면 위험을 무릅쓰고 만난다.
가족과 집은 여전히 중요하다.	함께 사는 가족만이 가족의 테두리 안에 들어온다. 모든 가족이 화목한 것은 아니지만 화목하기 위해 노력해야 한다. 집에 오래 머무는 만큼 집에 대한 투자가 아깝지 않다. 그전에도 나에게 여유를 주는 가전제품은 필수품이었지만 많이 쓰게 되니 더욱 확신이 선다.
디지털 월드의 방대한 정보와 플랫폼, 똑똑한 소비자는 탐색하고 조합하여 전문가가 된다. 이런 시대에 브랜드는 인간처럼 굴어야 한다. 자신의 캐릭터를 분명히 하고 솔직하고 투명하게 소통해야 한다.	온라인 쇼핑, 온라인 근무, 온라인 교육, 온라인 모임 등 온라인 플랫폼을 통한 활동영역이 확대되고 강화됨은 말할 필요가 없다. 디지털 활용도가 지극히 낮았던 사람들도 참여하기 시작했다. 쇼핑은 쿠팡으로, 모임은 줌(Zoom)으로, 회사 인트라넷마저 구글로 통합된다. 많은 사람이 쏠수록 쏠림 현상은 심해진다. 많은 사람이 참여하면서 정답이 공유되기 때문이다. 푸시가 불가능한 디지털 세상에서는 소비자 스스로 브랜드를 검색하고 찾아올 이유가 있어야 한다. 브랜드의 엣지, 누구나 알 수 있는 캐릭터는 정말이지 필수가 되었다. 지나가다가 세일 간판 보고 나도 모르게 하나 집어드는 소비자는 자취를 감출 것이다.

가고 있었죠.

그런데 이번에 코로나19 사태를 겪으면서 이 우주가 통합의 기회를 맞았습니다. 회식이 죽기보다 싫었던 사람과 회식 없이 어떻게 조직을 이끌어갈 수 있단 말이냐고 생각한 사람이 각자의 세계를 살고 있었다면, 코로나19로 둘 다 회식을 다시 생각해보게 된 겁니다. 코로나19 이전에는 대체로 전통적 세계관이 우세했습니다. 그런 사람이 더 지위가 높은 경우가 많으니까요. 하지만 코로나19 이후 합의점은 반대입니다. 기존 사고와 새로운 사고가 함께 찾은 합의점은 새로운 사고 쪽입니다. 그런 의미에서 뉴노멀(new normal)은 'new generation's normal'입니다. 코로나19 사태가 끝나면 다시 돌아갈 거라고요? 끝이 날까요? 사태가 언제 끝나든, 그전에 우리는 새로운 합의점에 도달해 있을 것입니다. 우리는 이제 남으로서 살아가야 합니다.

서로 다른 가치관도 평행우주였지만, 온라인과 오프라인 방식도 평행우주처럼 발전했다고 생각됩니다. 한국방송통신대학교가 1972년에 설립됐고, EBS 교육방송이 1990년에 개국했습니다. 이미 비대면 온라인 교육방식은 길게는 50년, 짧게 봐도 30년이 지났습니다. 인강(인터넷 강의) 시장은 또 얼마나 발달했습니까? 밀레니얼 세대를 인터넷 강의로 공부한 세대, '인강 세대'라 부르기도 합니다. 하지만 코로나19로 모든 공교육과 대학교 교육이 온라인으로 이루어졌을 때 준비된 선생님은 없었습니다. 온라인을 통한 학습이 한쪽 우주에서는 극도로 발달해 있는데 다른 한쪽에서는 그

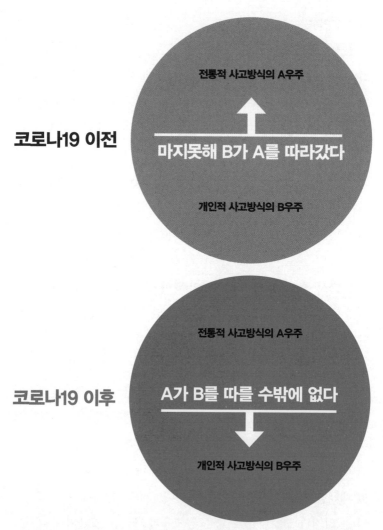

평행선을 긋던 A우주와 B우주가 있었습니다. B우주는 마지못해 A우주를 따라갔습니다. 이제 상황은 정반대입니다. A우주는 자신의 우주를 버리고 B우주로 움직여야 합니다. '우리가 남이가?'를 외치며 술잔을 부딪치던 때가 과거인 것 같지만 2020년 초까지 존재했습니다. 이제는 말할 수 있습니다. "네, 우리는 남입니다", "술잔은 부딪치지 않아야 합니다", "식사는 각자 하는 것입니다."

것이 무엇인지조차 알지 못했습니다. 이 역시 어느 쪽으로 통합될지는 말씀드리지 않아도 아시겠지요?

Q. 새로운 세대의 기준으로 이동한다는 뜻이군요. 잘 이해했습니다. 그 외 우리가 주목할 합의의 방향성은 무엇이 있을까요?

A. 새로운 합의의 방향성은 수평성, 개방성, 효율성입니다. 디지털 디스플레이를 통해 만날 때 기존의 권위가 무너지는 것을 우리는 이번에 새롭게 경험했습니다. 교수님, 선생님, 직장 상사님들이 물리적 공간에서 학생이나 부하직원을 만났을 때 갖고 있다고 믿었던 권위가 디스플레이를 통해서는 먹히지 않았습니다. 높으신 분들은 오히려 평가의 대상이 되었습니다. 전문지식이 얼마나 많은지, 전달능력이 얼마나 뛰어난지, 최신 기술을 다루는 데 얼마나 능통한지, 소통능력과 순발력, 유연성은 어느 정도인지 즉 댓글을 잘 읽고 잘 응답하는지 등 모든 것이 평가되었고 적나라하게 공개되었습니다. 학생들의 집중도가 떨어졌을 때, 물리적 교실에서는 학생 탓이지만 온라인 강의에서는 선생님 탓입니다. 학생들의 주의를 끌기 위해 다양한 기술과 기법과 능력을 발휘했어야죠.

효율성을 더 따지게 되는 것도 디지털 디스플레이 앞에서입니다. 다른 감각이 차단되기 때문에 가르치는 사람의 내용과 기술로 모든 것을 채워야 합니다. 온라인 강의가 시작된 후 '개강'의 연관어 6위는 '등록금'이었습니다. 학생들은 교수님의 수업을 들으며 그 어느 때보다 등록금을 생각합니다.

"등록금에 도서관, 건물 이용비 다 포함되는데 과제만 내 주는 싸강으로 돌리고 등록금은 그대로가 말이 되나?"

"교수님, 전체공개로 강의 올리시면 어떡합니까? 그거 제 삼백육십만 원이에요 이러지 마세요ㅋㅋㅋㅋㅋㅋㅋㅋㅋ"

학교를 오가는 시간이 줄었으니 더 여유 있게 수업을 들을 것 같은데, 학생들은 내가 투자한 시간 대비 무엇을 얻었는지 콘텐츠의 질을 더 따집니다. 비단 대학생만이 아닙니다. 초등학생, 중학생도 마찬가지입니다. 제가 잘 아는 초등학생은 선생님이 올린 강의자료를 보고 "우리 선생님 편집 못하네"라고 말해요. 담임선생님은 EBS 선생님과 비교되고, 유튜버와도 비교됩니다. 한정된 공간에서, 한정된 사람들과 소통하던 그들만의 리그가 모두 개방되었습니다. 점점 더 개방될 것입니다. 앞으로 권위적인 것, 폐쇄적인 것, 비효율적인 것은 도태될 것입니다. 자기 자신도 돌아보아야 하고, 우리 회사 분위기도 돌아보아야 하고, 우리 브랜드가 소비자와 맺고 있는 관계도 돌아보아야 합니다. 일어날 일은 일어납니다. 처음이라 아직 익숙하지 않다고 변명할 수 있을 때, 지금, 변해야 합니다.

(2020년 7월 11일, https://zoom.us/meeting/6596425556으로 인터뷰)

Contents

Part 1. 시공간의 변화

Chapter 1. 지루한 일상을 의미로 채우는 사람들

Chapter 2. 집으로 들어온 의무, 휴식, 놀이

Chapter 3. 도시에 스민 색깔, 당신만의 로컬리티

누가 시간의 주인인가?

벌써 다섯 번째《트렌드 노트》다. 무슨 할 말이 그리 많다고 다섯 번이나 책을 내는가 싶지만 올해는 꼭 전하고 싶은 말이 있다. "누가 시간의 주인인가?"

'시간' 관련 주제는 코로나 이전부터 생활변화관측소의 주요 관심분야였다. 주52시간 근무제는 직장인의 저녁시간에만 영향을 미친 것이 아니라 새로운 예의범절을 만들어냈다(오전 9시 이전이나 오후 6시 이후에 전화하는 것은 대단히 실례라는 에티켓 등). 건조기, 식기세척기, 로봇청소기는 필수가전이라 불리는데 그 공통점은 사용자에게 시간적 여유를 선사한다는 것이다. 이 제품들은 전문성을 더하기보다는 내 할 일을 대신해준다는 특성이 있다. 사람들은 의무에 해당하는 일은 돈으로 해결하고 취향에 맞는 활동에 시간을 투자한다. 그만큼 시간은 중요한 자원이 되었다.

그 밖에도 생활변화관측소에서 발간하는 〈생활변화관측지〉의 많은 내용이 시간과 관련돼 있다는 사실을 발견했는데, 그중 가장 핵심적인 키워드는 '○○루틴'이다. 규칙적으로 하는 일의 순서와 방법을 의미하는 '루틴'(routine)이 지속적으로 증가하고 있으며,

영역도 확장돼 스킨케어나 건강뿐 아니라 일상과 휴식의 순간에도 루틴을 만들고 있다. 루틴은 거창한 이벤트가 아니다. 본인에게 주어진 시간을 어떻게 보낼 것인지 선언하고 스스로 지켜가는 것이다. 예를 들면 아침루틴은 아침 조깅 후 스타벅스 아메리카노, 주말루틴은 주말 아침의 넷플릭스 시청, 일요일 카페에서 책읽기 등이다. 자기만의 시간을 확보했기에 가능하고, 스스로 시간을 통제할 능력이 있다고 믿기에 가능한 현상이다. 기업은 소비자를 독립적인 시간의 주체로 인식해야 하고, 자사 제품이나 브랜드가 소비자의 일상루틴 속에 자리잡게 하기 위해 루틴을 눈여겨보아야 한다.

코로나19 이후 루틴은 더욱 중요해졌다. 바이러스는 공간을 제약하고, 시간은 확장했다. 불필요한 관계 행위를 안 해도 되기 때문에 시간은 더 많아졌다. 스스로 시간을 정해서 일(공부)하고 쉬고 밥 먹고 다시 일(공부)하고 쉬는 것, 즉 자신의 시간을 스스로 관리하는 것이 쉬운 일은 아니다. 하지만 힘들다고 해서 내 시간의 자율운영권을 외부에 돌려주지는 않을 것이다. 자기만의 방법을 개발하고, 프로그램과 기기의 도움을 받아서 스스로 시간운영 노하우를 쌓아갈 것이다.

국내뿐 아니라 해외도 마찬가지다. 미국의 한 일러스트레이터가 가상의 코로나 잡지 커버를 만들었는데, 잡지 제목은 격리를 뜻하는 'quarantine'과 '루틴'을 합쳐서 만든 신조어 '쿼루틴'(Quaroutine)이다. 여기에서도 집 안 활동들을 스케줄에 따라 규칙적으로 이어갈 것을, 다시 말해 루틴을 강조한다. 2호에서는 창의적이고 생산적인 취미를 표지의 주제로 잡았는데, 국내에서 코로나 이후 '취미'가 상승하고 있는 현상과 일맥상통한다. 해외에서는 이 시대의 취미를 '#quarantinehobby'(격리시대의 취미)라 부른다. 격리시대의 취미는 이전과 달라야 하는데, 집에서 이루어져야 하고, 나의 손과 근육을 움직이는 것이어야 하며, 매일 꾸준히 반복할 수 있어야 한다. 배태된 결과물은 시간이 지남에 따라 개선돼 나의 성장을 증명해야 한다.

독립적인 시간의 주인으로서 개인은 시간을 흘려보내기보다는 채우려 한다. '채운다'에서 알 수 있듯 사람들은 '생산성'을 놓치지 않는다. 인간은 누가 시키지 않아도 자신의 손과 근육을 이용해 무언가를 생산해내고자 한다. 그렇게 자신의 존재이유를 증명하고 자신의 세계를 구축한다.

코로나19 이후 급상승한 3가지 키워드도 '시간'과 연결돼 있다. 이를 통해 오늘날 시간의 중요성과 시간 개념의 변화를 살펴볼 수 있다.

쿠팡 : 코로나 이후 증가폭이 가장 큰 고유명사 (브랜드)

코로나 발생 전후 2개월을 비교할 때 가장 급증한 키워드는 옆의 도표에서 보는 바와 같이 '마스크'다. 그다음이 '쿠팡', '받다', '정보', '추천', '확진자' 순이다. 증가폭이 가장 큰 40개 키워드 가운

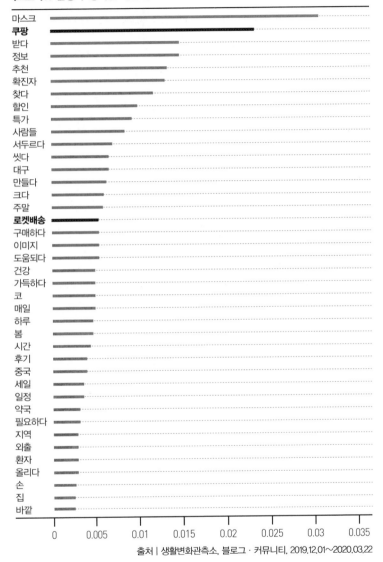

〈코로나19 발생 후 증가한 키워드〉

키워드	
마스크	
쿠팡	
받다	
정보	
추천	
확진자	
찾다	
할인	
특가	
사람들	
서두르다	
씻다	
대구	
만들다	
크다	
주말	
로켓배송	
구매하다	
이미지	
도움되다	
건강	
가득하다	
코	
매일	
하루	
봄	
시간	
후기	
중국	
세일	
일정	
약국	
필요하다	
지역	
외출	
환자	
올리다	
손	
집	
바깥	

0   0.005   0.01   0.015   0.02   0.025   0.03   0.035

출처 | 생활변화관측소, 블로그 · 커뮤니티, 2019.12.01~2020.03.22

데 고유명사라 할 수 있는 것은 '대구', '쿠팡' 그리고 쿠팡의 서비스네임인 '로켓배송'뿐이다. 브랜드로는 쿠팡이 유일하다. '넷플릭스'나 '유튜브'도 많이 언급됐지만 원래 상위 키워드에 있었기 때문에 증가폭은 상위 40위 안에 들지 않았다. 일반적으로는 고유명사보다 일반명사가 많이 언급되기 마련인데 코로나19 이후 쿠팡이라는 고유명사가 '온라인 쇼핑', '배송' 등의 일반명사를 앞질러 상승한 것이다.

쿠팡은 어떤 브랜드였을까? 2019년 4월에 발간한 〈생활변화관측지〉에 따르면, 코로나와 무관하게 쿠팡은 2018년 1분기에 다른 오픈마켓 브랜드를 역전하고 1등이 되었다. 1등 브랜드가 아니었던 2017년까지 쿠팡은 '배송비', '최저가' 등 가격 연관도가 높았다. 하지만 1인자가 된 쿠팡은 '시간'을 이야기했다. '배송시간', '새벽배송' 그리고 '시간보장'이다. 비교경쟁에서 이기기 위한 최저가가 아니라 충성고객을 유지하는 시간의 확실성으로 신뢰를 쌓았던 것이다. 쿠팡은 이미 준비돼 있었다. 1년 전부터 사람들은 쿠팡의 시간보장을 믿고 있었다. 코로나19라는 비상사태가 발생했을 때 사람들은 이미 알고 있던 신뢰의 쿠팡을 찾은 것이다.

코로나를 계기로 우리가 몰랐던 것을 갑자기 찾게 되는 것이 아니다. 우리가 알고 있던 것, 하던 것이 더 강화되거나 저변이 넓어지는 것이다. 쿠팡은 한국의 사재기를 막는 데도 크게 기여했다. 사재기를 하지 말자는 백번의 말보다 확실한 것은 사재기할 필요가 없다는 확신이다. 코로나19 사태가 벌어져도 다음 날 어김없이 물품이 배송되는 것을 직접 보고 겪은 사람들은 사재기 필요성이 없음을 알게 된다.

종일 : '아침', '점심', '저녁'이라는 분절된 시간을 대신하다

주52시간 근무제, 스스로를 소중히 여기는 밀레니얼 시대정신은 다른 사람의 시간을 함부로 침범할 수 없다는 새로운 예절을 만들어냈다. 이에 따라 개인 차원에서 활용할 수 있는 시간의 양이 늘어났고, 여기에 바이러스로 인한 '집콕' 상황이 예상 밖의 더 긴 시간을 부여했다. 사람들은 생각지도 못한 하루 '종일'이라는 시간을 만났다.[1] 반대로 코로나 이후 줄어든 시간 관련 키워드는 '아침', '점심', '저녁'이다. 그동안 우리는 분절된 시간 단위로 생각하고 있었다. 아침에 집을 나서고, 점심 먹고, 저녁에 돌아오는 식이다. 그런데 코로나 이후 학교도 회사도 안 가면서 하루 종일이라는 긴 시간을 맞이하게 되었다.

긴 시간을 자율적으로 운영하는 것은 한편으로는 어렵고, 한편으로는 즐겁다. 가게 운영을 내 마음대로 하는 사람도 사장이고, 가장 고민하는 사람도 사장이다. 아르바이트생 마인드가 아니라 내 삶의

---

1) 2019년 4월부터 2020년 1월까지 '(하루)종일'이라는 키워드는 주 평균 5022건 언급되었다. 코로나19가 발생한 2020년 1월 마지막 주부터 '종일'은 주 평균 6971건으로 1.4배 증가했고, 3월 이후에는 주당 8000건 이상 언급되며 급상승하는 양상을 보였다.

〈'종일' 언급 추이〉

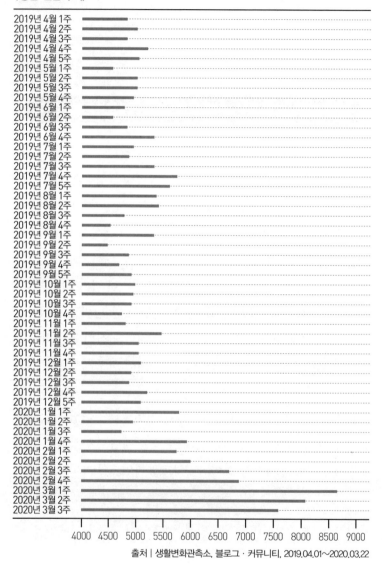

출처 | 생활변화관측소, 블로그 · 커뮤니티, 2019.04.01~2020.03.22

주인으로서 스스로 운영하는 권한과 책임을 함께 지게 된 것이다. 긴 시간은 게임과 유튜브 시청만으로 채울 수 없다. 무엇보다 시각적 콘텐츠 소비만으로는 생산적인 일을 했다는 뿌듯함을 얻을 수가 없다. 누구에게 보여주든 아니든 우리는 생산적으로 시간을 보냈다는 자기만족이 필요하다. 달고나 커피는 그런 면에서 의미가 있다. 기계를 돌려 만든 달고나 커피는 의미가 없다. 내 근육을 움직여서, 내 시간을 투자해서, 내가 만든 생산물이기 때문에 달고나 커피가 시간의 주인들에게 각광받은 것이다.

처음 : 바이러스를 계기로 '처음' 경험한 것, '처음' 생각한 것

바이러스와 함께하는 삶을 살면서 사람들은 무언가를 처음 맞닥뜨리기도 하고 처음 시도해보기도 했다. '처음'을 언급하는 문서량은 1월 20일 첫 확진자가 발생한 이후 꾸준히 증가했는데, 코로나 이전에는 매월 7만 5000건 정도였던 언급량이 코로나 이후 3월에 8만 5000건까지 치솟았다. 코로나가 심각해지던 2월보다 적응하기 시작한 3월에 언급량이 더 증가했는데, '처음' 겪게 되는 수동적인 일들에 '처음' 시도해보는 적극적 의지가 추가되었기 때문이다.

사람들은 코로나를 계기로 무엇을 처음 해보았을까? 첫 확진자가 발생한 1월 20일 전후의 '처음' 연관 키워드를 비교해보면 상승폭이 가장 큰 것은 로켓배송, 쿠팡, 달고나 커피, 넷플릭스, 유튜버,

에어팟, 에어프라이어 등이다. 카테고리 별로 분류해보면 건강, 온라인 배송, 요리, 집 근처 일상, 온라인 업무, 집안일, 취미생활 순이다.[2] '온라인 배송을 처음 시켜보는 사람이 있다고?' 하며 놀랄 수도 있을 텐데 정말로 온라인 쇼핑을 처음 해본 사람도 있고, 기존에 이용하던 서비스가 아니라 마켓컬리 같은 새로운 서비스를 처음 써본 사람도 있고, 온라인으로는 공산품만 주문하다가 처음으로 당근, 호박을 시켜본 사람도 있다.

"결혼 후 15년 동안 매주 이마트를 다녔다. 한 주의 찬거리를 사서 핸드카트에 싣고 와서 우리 집 냉장고에 차곡차곡 채워 두었다. 마켓컬리, 쿠팡, 이마트몰 몰랐던 것도 아니고 이용하지 않은 것도 아니다, 장은 이렇게 봐야 한다는… 모르겠다… 습관이랄까? 코로나 덕분에 처음으로 쿠팡을 이용해봤다. 아침에 문앞에 와 있었다. 박스를 뜯어 냉장고에 넣으면서 한편으로는 놀랍고 한편으로는 기가 막혔다. 나는 지금까지 무엇을 한 것일까?"

코로나19 이후 증가한 '처음'이라는 키워드를 보면서 습관이란 정말로 무섭다는 생각을 한다. 생각보다 '처음'이라고 말하는 사람이 많았다. 몰라서가 아니라 습관 때문에 하던 방식대로 하는 사람이 많았던 것이다. 그러다 바이러스를 계기로 온라인은 모두의 공

---

2) 코로나로 처음 겪는 일들에 대해서는 바이브컴퍼니 〈썸트렌드 매거진〉에서 자세히 볼 수 있다. some.co.kr → 트렌드 매거진 → #26. 코로나로 처음 겪은 것들

통 경험이 되었다. 원래 쓰던 사람, 알지만 안 쓰던 사람, 써보았다가 하던 것으로 돌아간 사람, 알지도 못했고 써보지도 않은 사람 모두가 온라인 서비스 이용영역에 들어오게 되었다. 모두가 함께 경험하고 나니 온라인 서비스에 대한 새로운 합의가 도출된다. '나도 할 수 있네', '써보니 괜찮네', '더 편하네', '이런 점만 개선되면 더 좋겠네', '이런 서비스 중에서는 이 브랜드가 제일 낫네'라는 식으로 서비스 이용 여부를 훌쩍 뛰어넘어 서비스 이용을 전제로 한 서비스 선택기준으로 담론이 진일보한다.

기술의 발전은 천재 과학자가 주도하는 것이 아니라 사용자들의 합의에 의해 촉발된다. 자율주행은 기술 발전의 문제가 아니라 기계가 운전하도록 허용할 것인가의 문제다. 한 번 합의하고 나면 무서운 속도로 확산되고 사람들의 습관으로 자리잡는다. 다시 이전 방식으로 돌아가기는 어렵다. 은행에서 ATM으로, 컴퓨터에서 휴대폰으로, 은행 플랫폼에서 메신저 플랫폼으로 은행일을 보게 된 것처럼 온라인 서비스 이용에 모두가 합의하기에 이르렀고, 코로나19는 그 합의시점을 예정보다 앞당겼다. 모두가 함께 경험하니 과대포장 이슈도 더 눈에 띈다. '이렇게 큰 박스에, 이렇게 많은 상자가 오는 거였어?'라고 놀라는 사람은 온라인 쇼핑에 익숙한 사람이 아니다. 최근 포장에 대한 새로운 합의가 만들어지는 것은 환경의식이 높아졌기 때문이 아니라 많은 사람이 그 포장지를 접했기 때문이라고 봐야 한다. 공통의 경험은 새로운 합의를 이끌어내는 법이다.

이 글을 쓰면서 5년 전 성석제 작가의 말을 찾아보게 된다. 2015년 오피니언 마이닝 워크숍[3]에서 그는 일전에 연사로 초청된 행사에서 군수, 국회의원, 무슨 의원들로 줄줄이 이어지는 '귀빈 인사' 때문에 본인의 차례가 한없이 지연된 이야기와, 한일 교수들의 교류행사가 예정보다 1분, 2분씩 지연돼 급기야 저녁식사가 1시간 이상 늦어지자 미안함과 당혹감에 눈물을 흘린 일본 교수 이야기를 들려주었다. 그러고는 다음과 같이 강연을 마무리했다. "여기도 한 가지 교훈이 있습니다. 누가 시간의 주인인가 하는 겁니다. 보잘것없는 소설가인 저도 이 우주에 한 번도 없었습니다. 혼자 단독자로 여기에 있고, 여러분도 마찬가지입니다. 그 권리를 누구에게 양보할 수 있겠습니까?"[4]

시간과 관련하여 우리가 바라보아야 할 핵심은 '자유시간이 주어졌다, 많아졌다'가 아니고, '다른 사람의 시간을 함부로 침범할 수 없게 되었다'는 것이다. 교장선생님의 훈화 말씀, 사장님의 조회, 근무 외 시간의 회식, 모두 사라질 것이다. 온라인 강의에서 중요한 것은 무엇보다 시간을 지키는 것이다. 본인에게 주어진 시간을 넘기거나 준비한 부분을 하다 말고 '시간 다 됐으니 여기까지 하지요'라는 식은 온라인 강의에서 통하지 않는다. 그야말로 마이

---

3) 오피니언 마이닝 워크숍 : 사람들이 직접 작성한 글을 캐내(mining) 그 의미를 찾는 전문가들의 이야기를 담는 바이브컴퍼니 후원의 연간 세미나로, 2010년 이후 15회 이상 개최되었다.

4) 성석제 작가의 강연 내용은 www.omw.or.kr/10th_result 에서 스크롤을 약간 내리고 성석제 작가를 클릭하면 전문을 볼 수 있다. "누가 시간의 주인인가?"는 당시의 강연 제목이 아니고 강연 일부를 요약한 부분의 제목이다.

크가 꺼진다. 마이크를 잡을 수 있는 주인공이 다른 사람의 시간을 한없이 침범하는 마이크 독점 시대는 끝났다. 시간 개념이 바뀔 것이다. 2021년, 우리 모두가 시간의 주인이다.

《2021 트렌드 노트》에는 다음과 같은 이야기가 담긴다.

●**시공간** : 종교는 가고 리추얼은 남았다. 사람들은 자신에게 주어진 시간을 의미 있고 반복 가능한 활동으로 채우고 기록하여 콘텐츠로 만들고 있다. 브랜드는 이 사람들의 리추얼 속에 들어가야 한다. 이 시대의 가장 중요한 자원은 시간이다.

이와 함께 코로나19 이후 주목받고 있는 '집'과 '로컬'(지역, 현지)을 다룬다. 공간의 규모는 다르지만 집과 로컬의 공통점은 고유한 색깔이 필요하다는 것이다. 우리 브랜드의 색은 무엇인지 생각하면서, 서울의 색과 제주의 색의 차이를 알아보자.

●**관계** : 꼭 필요한 관계는 수평적으로 진화하고, 그렇지 않은 관계는 포기한다. 코로나19 이후 더욱 강화된 끈끈하고 수평적인 가족관계, 새로운 방법으로 신뢰를 쌓아가는 역시나 수평적인 소비자와 브랜드의 관계를 다룬다. 가족관계에서 수평적이라 함은 수직적인 것의 반대말이다. 반면 소비자와 브랜드의 수평성은 정보 비대칭성의 반대말이다. 광고라서 문제되는 것이 아니다. 광고라고 밝히지 않은 것이 문제가 된다.

●**코드** : 디지털이 바꾼 사고방식에 관한 내용으로, 결과가 아니라 구조와 방법을 다룬다는 점에서 '메타'에 관한 파트다. 디지털 세계의 사고방식, 언어, 소비자 특성을 다룬다. 디지털의 문법에 대해 당신은 얼마나 알고 있는가? 우리 회사 매출이 여전히 오프라인에서 50% 이상 나온다 하더라도 온라인의 문법을 알아야 한다. 당신이 게임하지 않는 것을 자랑으로 여기더라도 게임의 문법은 알아야 한다. 왜냐하면 그 문법이 새로운 세대의 사고방식을 지배하기 때문이다.

Part 1.
시공간의 변화

Chapter 1

지루한 일상을
의미로 채우는 사람들

박현영

대표적인 시간약자로 여겨졌던 직장인이
온전한 나만의 시간을 확보했다.
시간약자에서 시간주인이 된 사람들은 자신에게 주어진 시간을
의미로 채우고자 한다.
무엇을 통해? 각종 기록과 챌린지
그리고 리추얼을 통해서다.

자기계발에서 자기관리로

'#직장인', '#직장인스타그램' 언급량이 2019년 들어 급격히 상승했다. 2016년 10만 문서당 397건 정도였던 '#직장인스타그램'이 2019년 759건으로 2배 이상 증가했다. '월급쟁이'라 자조 섞어 말하던 직장인은 어떻게 '보여주고 싶은 정체성'이 되었을까? 사람들은 직장인의 무엇을 보고 싶어 할까?

직장인 인스타그램이나 직장인 유튜브 채널의 내용은 직장인이라는 정체성을 가진 사람의 '일상'이다. 소셜미디어에서 직장인의 일상은 두 계열로 나뉜다. 휴가 중 직장인스타그램, 내일부터 다이어트할 직장인 브이로그, 딸기축제 간 직장인 브이로그처럼 직장인의 여가시간 활용기가 하나이고, 이직한 직장인 브이로그, 피부과 코디네이터 브이로그 같은 평범한 직업의 세계가 다른 하나다. 콘텐츠 제작자는 직장인으로서의 자기 일상을 전시하고, 수용자는 타인의 일상을 간접경험하고 대리만족을 느낀다.

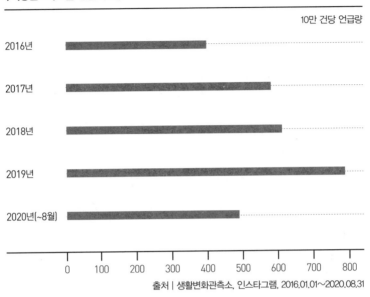

〈'직장인스타그램' 언급 추이〉

10만 건당 언급량

2016년	
2017년	
2018년	
2019년	
2020년(~8월)	

0   100   200   300   400   500   600   700   800

출처 | 생활변화관측소, 인스타그램, 2016.01.01~2020.08.31

"난 요즘 간접경험 느낌으로 브이로그 봄. 주로 해외에서 일하는 직장인 브이로그 보는데 아무래도 나도 직장 다니면서 이동 루트가 한정적이니까 저 사람은 뭐해먹고 사나 퇴근하고 무얼 하나 어디 가서 뭐 먹나 이런 느낌으로…."

콘텐츠가 되기 위해서는 두 가지 조건을 충족해야 한다. 하나는 공감이다. 보는 사람들이 그 콘텐츠에 공감할 수 있는가? 다른 하나는 선망성이다. 보는 사람들이 그의 삶을 동경하는가? 그 사람을 워너비라고 느끼며 나도 언젠가 저렇게 되고 싶다고 느끼는가?

시공간의 변화

"이분의 브이로그가 너무 조음… 약간 워너비 직장인의 브이로그 거기다 고양이도 기르심!!"

시간약자에서 시간의 주인으로

공감 받으면서 선망되는 대상이 직장인이다. 공감은 그렇다 하더라도 직장인의 무엇을 선망하는가? 오늘날 직장인은 두 가지 자원을 확보했다. 바로 돈과 시간이다.

첫 번째 자원인 돈. 직장인은 내가 금수저가 아니라 노동을 통해 정당하게 금전적 자원을 확보했음을 보여준다. 명품 정보와 구매 인증을 주 콘텐츠로 하는 유튜버에게 꼭 묻는 질문은 '이 돈은 다 어디서 나나요?'다. '집에 원래 돈이 많아요'보다는 '어떤 직장을 다니고 있으며, 이렇게저렇게 모으고 굴려서 얼마 만에 구매했다'고 자신의 자금 출처를 당당하게 말할 수 있으면 더 많은 공감을 얻는다.

시간은 과거의 직장인이 갖지 못했던 새로운 자원이다. 주52시간 근무제라는 정책은 우리의 생활방식과 사고방식을 바꾸는 데 적지 않게 기여했다. 주52시간 근무제 시행으로 확보된 6시 이후 저녁시간, 그리고 예상하지 못했지만 9시 이전의 아침시간. 다른 직장인들은 그 시간을 어떻게 쓰고 있는지 궁금하기도 하고 노하우도 필요한 시점이다. 직장인 되기가 그리 쉽지 않다는 희소성도 직장인을 선망하는 데 한몫했다. 밥 잘 사주는 선배보다 취업에 성공한 선배가 더 멋져 보이게 되었다.

제한적이지만 안정적인 돈과 시간을 보유한 직장인은 이렇게 제품구매 인증 콘텐츠에서도, 시간활용 노하우 콘텐츠에서도 유리한 위치를 차지하게 되었다. 전통적으로 직장인의 시간 중 가장 중요한 시간은 주말이었다. 주말은 직장인에게 주중 노동에서 잠시 벗어난 일탈의 시간이었다. 그러나 2019년 들어 '직장인' 연관 시간으로 '저녁'이 '주말'을 역전했다. 직장인에게 주말보다 저녁이 중요해진다는 것은 그들이 일탈이 아닌 '일상'에서도 자신을 가꾸고 보람을 찾고 싶어 한다는 것을 보여준다.

"퇴근하고 저녁에 다들 뭐 하세요? 저는 집에만 오면 밥 먹고 뻗었는데 시간이 아깝게 느껴져서 이제 뭐라도 해보려구요."

이제야 확보한 직장인의 저녁시간을 뺏는 '저녁 회식'에 대한 언급은 매년 감소 추세다. 코로나가 확산되기 직전인 2020년 1월, '저녁 회식' 대 '점심 회식'의 비중은 53대 47로 점심 회식이 많이 늘기는 했지만 여전히 저녁 회식이 우위였다.[1] 그러나 코로나 이후 저녁 회식은 물론 회식 자체가 사라졌다.

코로나19 이후 사람들이 합의하는 방향은 선택적이다. 트렌드는 많은 사람들이 원하던 방향으로 나아간다. 사람들이 좋아하는 것은 '코로나에도 불구하고' 계속하고, 사람들이 원하지 않던 것은 '코

---

1) 생활변화관측소, 커뮤니티, 2016.01.01~2020.01.31

로나 덕분에' 더 멀리한다. 전자가 여행이고 후자가 회식이다. 회식은 빠르게 사라지고 있고 완전히 사라질 것이다. 그러기를 희망한다. 우리 회사 비즈니스가 회식과 긴밀히 연결돼 있다면(주류, 고기 외식 등) 다른 방향을 고민해보아야 한다. 회사 내부적으로는 회식이 하고 있던 역할(회사 비용 처리, 직원들 고충 해소 등)의 대체재를 찾아야 한다.

점심시간을 활용해 운동을 하거나 네일 아트를 받는 등 자투리시간 노하우도 많이 공유되고 있었다. 그러다 코로나 사태로 재택근무를 하게 된 이후에는 자투리 정도가 아니라 통째로 생긴 시간을 활용해 어떻게 돈을 벌지가 직장인의 주요 관심사가 되었다. 대표적인 예는 주식, 부동산 투자, 나만의 스토어 개설과 같은 패시브 인컴[2] 연관 방법론들이다.

이처럼 대표적인 시간약자로 여겨졌던 직장인이 온전한 나만의 시간을 확보했다. 처음에는 시간을 얻은 것에 환호했고, 시간이 지나면서 뭐라도 배워야 할 것 같은 강박을 느껴 원데이클래스로 모이는 양상을 보이다, 자신이 확보한 시간이 안정적이고 반복된다는점을 깨닫고는 원데이클래스보다 더 긴 호흡의 장기적 계획을 세우기 시작했다. 지속적인 취미, 학습, 돈벌이를 구상하고 그 정보를 공유한다. 코로나는 직장인에게 더 많은 시간을 부여했다. 더 많은

---

2) 패시브 인컴(passive income) : 일하지 않아도 통장에 돈이 꽂히는, 다시 말해 노동과 돈이 직접적으로 연관돼 있지 않은 수입을 일컫는다.

대표적인 시간약자로 여겨졌던 직장인이
온전한 나만의 시간을 확보했다.

직장인이 다음과 같은 사고의 진화를 거친다.

1단계 : '생각보다 시간이 남네?'

2단계 : '뭐라도 배워볼까?'

3단계 : '더 오래 꾸준히 할 수 있는 걸 찾아야겠어.'

4단계 : '잘하면 돈벌이도 되겠는데?'

5단계 : '시간을 알뜰히 잘 쓰고 그걸로 돈도 버는 사람이 제일 부러워. 나도 그렇게 될 수 있을까?'

"나 유튜브 할 거야"라는 말이 직장인의 2대 거짓말 중 하나라고 한다. 직장인 유튜버는 불안정한 시대에 직장인으로서 '안정적인 수입을 확보했음'과 시간이 자원인 시대에 '시간을 잘 활용하고 있음'과 더불어 유튜브를 통해 '패시브 인컴을 확보함'을 보여준다는 점에서 직장인의 새로운 비전이 되었다.

그런 면에서 오늘날 직장인은 브랜드의 새로운 모델(페르소나)로 손색이 없다. 일상생활을 영위하는 직장인 유튜버는 직업 연예인이나 셀럽들보다 매력적이다. 소비자와 더 가깝고 현실적이다. 그들의 비전은 보는 이의 비전과 맞닿아 있다. 이들 직장인이 우리 브랜드를 어떻게 소비하고 소화하는지, 그들의 삶 안에서 우리 제품의 대표적인 사용 상황(signature scene)을 구현해야 할 때다.

비단 직장인에만 초점을 맞출 것이 아니다. 이 시대의 워너비로 자리잡은 직장인을 통해 '시간'이라는 자원의 중요성을 다시 상기하자. 더불어 정책 입안자는 나만의 시간을 온전히 갖지 못하는 또 다른 시간약자를 돌보아야 한다. 주52시간 근무제를 통해 정부가 어떻게 시간약자를 시간부자로 만들어줄 수 있는지 입증했다. 코로나 이후 새롭게 등장한 시간약자는 누구인가? 육아맘이다. 어린이집에 가지 않는 아이와 하루 종일 시간을 보내야 하는 엄마는 시간강자의 것과는 다른 의미로 시간에 압사할 지경이다. 앞으로 복지의 역할은 시간약자를 돌보는 데 있을 것이다. 이때의 시간약자는 시간의 많고 적음이 아니라 온전한 자기만의 시간을 확보했는지 여부로 측정돼야 할 것이다.

여행에 미치다 vs. 운동에 미치다

무언가를 열렬히 좋아할 때 우리는 주로 '미쳤다'고 표현한다. '#○○에미치다'의 원조는 여행이다. '#여행에미치다'를 검색하면 800만 건 정도의 게시글이 나온다. 이후 '#사진에미치다', '#바다에미치다'와 같은 유사 패턴이 나왔고 최근에는 '#캠핑에미치다', '#차박에미치다', '#낚시에미치다'와 같이 유행하는 여가활동에 붙는 꼬리표가 되었다.

'#○○에미치다' 중 2016~19년 사이 가장 많이 증가한 해시태그는 '#운동에미치다'이다. 2019년에도 여전히 '#여행에미치다'의 비중이 가장 크지만 '#운동에미치다'라는 해시태그가 큰 폭으로 상승하며 상위권에 안착했다.[3]

---

3) 생활변화관측소, "#운동에미치다", 〈생활변화관측지〉 Vol.14.

이 해시태그를 주도한 것은 20대 남성이다. 스스로를 '헬린이', '헬스에 미친 인생'이라 자조적으로 말하면서도 누구보다 운동루틴을 중요시하고 식단관리에 열심인 사람들. 즐겨보는 헬스 유튜버형의 말이라면 운동법뿐 아니라 관련 식단과 용품까지도 착실히 믿고 따라 구매하는 충성도 높은 이들의 특성은 운동 및 건강 관련 산업, 특히 남성을 타깃으로 하는 산업군이라면 반드시 눈여겨보아야 할 것이다. 남성 타깃의 특성은 6장에서 자세히 다루기로 하고, 여기에서는 여행에 미친 것과 운동에 미친 것의 차이점에 주목해보고자 한다.

운동과 여행은 다음의 표와 같은 차이가 있다.

	#여행에미치다	#운동에미치다
목표	여행은 목표라기보다는 로망이다. '~해야 한다'가 아니라 '~하고 싶다'이다. 여행은 운동처럼 꾸준히 실력을 쌓아서 어딘가에 도달하는 게 아니라 꿈꾸던 것을 실현하는 것이다.	가시적인 목표가 있다. 시각적으로는 만족스러운 눈바디를 획득하는 것, 중량적으로는 일정 무게를 들 수 있게 되는 것이다. 게임 레벨을 올리듯 단계를 높여나간다.
반복	여행은 아무리 자주 가더라도 한 달에 한 번 이상은 어렵다. 무엇보다 여행은 주기성이 없다.	운동은 꾸준히, 반복적으로, 며칠에 한 번 하는 주기성이 매우 중요하다. 반복은 운동의 핵심이다.
기록	여행은 사진으로 기록된다. 색감과 이국성이 중요하다.	운동도 사진으로 기록된다. 숫자와 오늘도 실천했다는 인증이 중요하다.
대상	자기만족도 있지만 여행 인증은 외부를 향한 자기표현 욕구에 더 가깝다.	매일의 운동을 기록으로 남기는 것은 무엇보다 자기관리를 위함이다.

시간약자에서 시간주인이 된 사람들은 여행과 같은 이벤트성 취미보다 운동과 같은 반복적인 생활규칙을 필요로 한다. 코로나 이후 해외여행이 불가능해지고 국내여행도 제한적인 상황이어서 여행보다 운동이 더 각광받는 것도 사실이지만 실현 가능한 가시적 목표, 반복의 기록, 자기관리적 측면은 코로나 이전부터 지속적으로 관측되는 변화다.

이제 화두는 자기계발이 아니라 자기관리다. 사람들은 자신에게 주어진 시간을 의미로 채우고자 한다. 무엇을 통해? 각종 기록과 챌린지 그리고 리추얼을 통해서다.

콘텐츠가 되는 기록의 힘 : #계획 #기록 #인증

루틴이 주는 통제감

생활변화관측소는 신조어를 추적하지 않지만 패턴이 반복되는 신조어는 의미 있다고 본다. 예를 들면 '홈○○', '혼○○' 등이다. '홈○○'이 증가한다는 것은 그만큼 집에서 하는 행동이 다변화되고 집에 부여하는 의미도 커지고 있다는 뜻이다.

시간과 관련해 우리가 주목할 것은 '○○루틴'이다. 규칙적으로 하는 일의 순서와 방법을 의미하는 '루틴'이 지속적으로 증가하면서 루틴의 영역도 확장되었다. 다음 페이지 도표에서 보는 것처럼 '○○루틴'에 대한 관심은 꾸준히 증가해 2016년 10만 건당 6.5건

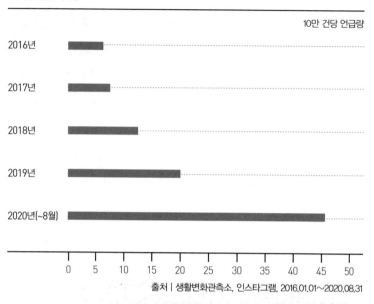

〈'루틴' 언급 추이〉

10만 건당 언급량

2016년

2017년

2018년

2019년

2020년(~8월)

0　5　10　15　20　25　30　35　40　45　50

출처 | 생활변화관측소, 인스타그램, 2016.01.01~2020.08.31

이던 언급량이 2020년 8월 말 46.5건으로 7배 증가했다. '○○루틴'이 코로나 이전부터 증가하기 시작해 코로나 이후 더욱 가파른 상승세를 보였음을 알 수 있다.

　루틴의 내용도 다양해졌다. 2016년 처음으로 루틴이 등장했을 때 인스타그램 해시태그 기준으로 100건 이상 되는 루틴은 단 3개였다. '#운동루틴', '#스킨케어루틴'처럼 운동과 뷰티 영역에 한정돼 있었고 주로 노하우를 공유하는 방식이었다. 그러다 2017년에는 100건 이상의 루틴이 7개, 2018년 16개, 2019년 25개, 2020년 8월 현재 49개로 증가했다. 2017년부터는 일상시간의 루틴이 등장했다. '#데일리루틴', '#오늘루틴', '#일상루틴', '#아침루틴', '#주말루틴'처럼 어떤 시간을 내가 어떻게 보내는지 공유하기 시작한 것이다.

"#일상 #daily #내삶의낙 #주말루틴 - 요즘 내 #주말 #루틴 오후 3시쯤 집에서 나가 #카페 에서 #영화보기 - 오늘은 #스파이더맨 #파프롬홈 누가 #스파이더맨2 는 3편으로 가기 위한 연결이라고 재미없다고 그랬는데 누구니?! 재밌쟈나!!!!!!!!."
"#주말루틴#공부방#대청소 집청소는 안 해도 공부방청소는 매일매일. 주말은 더 하드하게! 내 청소를 도와준 소중한 제군들."
"나의 #주말루틴. 한강러닝 후 +스벅 아아메 마시고 돌아옴 주말 아침 8시의 한적한 스벅 분위기와 커피향은 절대 놓칠 수 없다."

'나는 주말마다 카페에 가서 영화 한 편, 책 한 권을 읽어요'라는 식의 루틴은 노하우라기보다는 시간 보내는 패턴을 공유하는 것이다. 과거의 루틴이 스킨케어나 건강 노하우를 공유하는 방식이었다면 현재의 루틴은 일상과 휴식의 영역에서도 존재감을 드러내고 있다. 지극히 개인적인 일상과 휴식의 방식을 공유함으로써 루틴은 자신의 정체성을 드러내는 수단이 되었다. 루틴을 통해 자신이 어떤 브랜드나 서비스를 사용하는지, 자신이 무엇을 좋아하는지, 자신이 어떤 일상을 지켜내려고 노력하는지가 드러난다. 오늘날 루틴은 지루하게 반복되는 것이 아니라 나에게 주어진 시간을 어떻게 의미 있게 보내는지 보여주는 자기관리와 자기표현을 위한 선언적 키워드다.

코로나 이후 루틴은 더욱 중요한 키워드이자 실천덕목이 되었다. 우연찮게도 앞의 예시를 보면 사람들이 말하는 주말루틴은 마치 코로나 이후의 격리상황을 예상하고 만들어낸 것같이 보인다. 하나같이 코로나 이후 급상승한 행동과 연관된다. 혼자 하는 일이고, 내가 사는 지역을 크게 벗어나지 않는 일이고, 온라인을 통해 소비할 수 있는 일이다. 심지어 집청소마저 코로나 이후 증가한 키워드다. 코로나는 개인의 반복되는 일상성이 얼마나 중요한지 강력하게 인식시켰다. 통제 불능의 상황에도 자신이 할 수 있는 일과 할 수 없는 일을 구분하고, 자신의 세계를 구축하고 그 일과를 계속해서 꾸려가는 것. 이는 불안정의 시대에 안정감과 통제감을 제공한다.[4]

코로나의 격리상황에 유튜브, 넷플릭스 등 동영상 시청시간이 길어진 것도 사실이고 온라인 게임을 많이 하는 것도 사실이지만, 사람들은 급작스레 주어진 긴 시간을 수동적인 소비(시청)로만 채우지 않았다. 팔이 떨어져라 저어서 달고나 커피를 만들거나 브이로그를 시작하거나 자전거를 타거나 등산이나 캠핑을 시작했다. 집밥에는 생존의 의미도 있지만 생산적인 일을 하고 싶은 욕망, 결과물을 만들어내고 싶다는 욕망도 들어 있다. 막연히 시간을 보내지 않

---

4) 자신의 세계를 정확하게 구축하는 것이 통제감과 안정감을 준다는 내용은 〈2020 오피니언 마이닝 워크숍, '바이러스와 함께 사는 삶'〉에서 고려대학교 심리학과 허지원 교수의 강연 "COVID-19, 당신의 마음에 제안된 거대한 실험"을 참조하였다.

고 생산적이라 불릴 만한 일을 하는 것이 인간의 본성인지 사회적 합의의 결과인지는 알 수 없지만, 격리상황에도 사람들은 자신의 생산성을 증명하고 싶어 한다.

루틴은 기록되어 의미가 있다

생산성을 증명하는 것은 나 혼자 만들고 나 혼자 알아준다고 되지 않는다. 그것도 안 하는 것보다는 낫겠지만 다른 사람과 결과를 공유해야 생산성이 인증된다고 느낀다. 코로나 상황에서 온라인 시스템이 갖춰져 있지 않았다면 인증은 불가능했을 것이다. 일기장에 자기만 보게 기록하는 것으로는 격리의 답답함이 다 해소되지 않는다.

사실 기록은 코로나와 같은 극단적 상황이 아니어도 이미 중요하게 여겨졌다. 기록되고 공유된 것은 그 자체로 콘텐츠가 된다. 루틴의 본질은 반복에 있지만, 해시태그 '#루틴'은 '기록'되었다는 데 의미가 있다. 매일의 일상을 반복적으로 기록할 때 그 기록은 콘텐츠가 되고, 콘텐츠 생성이라는 의미가 된다. 내가 무엇이라도 하고 있다는 증거로서의 의미. 오늘의 일상은 일상 기록이라는 내 거대한 콘텐츠의 한 조각으로서 의미를 지닌다. 코로나 이후에는 여기에 '생존의 증거'라는 절실한 의미가 덧붙여졌다.

사람들은 어떤 일상을 기록할까? 똑같이 반복되더라도 의무의 시간이 아니라 스스로 관리해서 만들어낸 자기만의 시간을 기록한다. 루틴과 유사하게 반복되는 자기만의 시간을 기록하는 방식으로

'○○챌린지 ○○일차' 기록이 있다.

허다한 캠페인성 혹은 오락성 챌린지들이 떴다 지는 와중에 꾸준히 상승한 챌린지가 있다. 저탄수화물 고지방 식단을 챙겨 먹는 '키토제닉 다이어트 챌린지', 아침 6시 전에 일어나 자기관찰로 하루를 여는 '미라클모닝 챌린지', 매일 나만의 달리기 목표와 기록을 확인하는 '나이키런클럽 챌린지'가 그것이다. 이들 자기관리 챌린지의 목표는 식사, 공부나 명상, 책읽기, 운동, 기상 등 매일 할 수 있는 일 그 자체다. 사람들은 일상적이지만 쉽지 않은 이 행위에 정성스런 콘텐츠를 만들고 공유하는 노력까지 더한다. 키토제닉 다이어트는 저탄고지 식단 사진을, 미라클모닝 챌린지는 타임스탬프 앱으로 현재 시각이 크게 박히는 사진을, 나이키런 챌린지는 시간과 거리가 표시되는 나이키런앱 사진을 공유한다.

챌린징한 이 챌린지들이 꾸준히 행해지는 이유는 사람들이 콘

미라클모닝 챌린지, 나이키런 챌린지 인증사진

텐츠 제작의 명분과 권한을 자율적으로 누리기 때문이다. 이것은 스스로에게 자발적으로 부여한 숙제와 같다. 하지만 이 숙제는 하기 싫은 과업(task)이 아니라 퀘스트 혹은 소명이라 불리는 미션(mission)으로 번역되어야 할 것이다. 미션을 수행하고 콘텐츠를 생산하는 매일의 의식을 만들면 챌린지를 지속해야 하는 의지의 난이도는 한결 낮아진다.

예컨대 코로나 이후 증가한 챌린지 중 하나로 '북커버 챌린지'가 있다. 북커버 챌린지는 하루 한 권씩 7일 동안 자신이 좋아하는 책의 표지사진을 공유하는 소셜미디어 캠페인이다. 독후감을 공유하지 않아도 되니 책의 내용보다는 본인이 책을 읽게 된 계기나 책에서 얻은 감동 중심으로 이야기한다. 그래서인지 일반적인 '독서'에 자주 언급되는 자기계발서, 학습서, 교육서적 등의 실용서보다는 인문학, 역사, 철학서 등 평소 읽기 어려운 책이 많이 등장한다. 북커버 챌린지는 어떤 유형의 책을 읽는지보다 독서가 주는 의미에 초점을 두고 공유되며, 시간이 지나면서 '마음', '생각', '삶' 등 독서를 통해 스스로를 돌아보려는 움직임과 연결된다.[5]

출판업계가 어렵기는 예나 지금이나 마찬가지다. 하지만 관련 챌린지가 없는 산업이 여전히 많은 데 비해 책과 관련해 흥미로운 챌린지가 상승한 것은 주목할 만한 포인트다. 자기계발은 출판계의 오랜 화두이며 현재도 진행형이다. 독립서점을 나누는 기준이 학습

---

5) 북커버 챌린지 관련 내용은 바이브컴퍼니 〈썸트렌드 매거진〉에서 다시 볼 수 있다. some.co.kr →
트렌드 매거진 → "감상문 없는 책추천, #북커버챌린지"

서를 파느냐 여부라고 말하기도 한다. 하지만 책 그리고 독서의 본래 의미는 자신을 소중하게 여기는 개인이 자신의 시간을 의미 있게 채우는 자기관리 시대와 맞닿아 있다. 책은 킬링타임하는 콘텐츠와 경쟁할 수도 없고 경쟁할 필요도 없다. 이제 책은 자기만의 시간, 자기성찰적 도구이자 동반자로 기능할 것이다.

혹자는 사람들이 책을 잘 읽지도 않으면서, 특히 인문서는 더욱 읽지 않으면서 인스타그램에 그럴싸하게 허세를 부리는 것이라 폄하할 수도 있다. 허세에 대해 잠시 생각해본다. 허세라 불릴 수도 있지만, 그럴듯하게 보이고 싶은 욕망이 없다면 누가 책을 읽겠는가? 중요한 것은 사람들이 무엇으로 자신을 포장하고 싶어 하느냐다. 특히 마케터라면 사람들이 허세 부리는 수많은 오브제 중에 책이 선택되었음을 눈여겨보아야 한다. 책, 성찰, 자기만의 시간에 대한 열망에 비해 독서근육은 약하다. 출판 마케터라면 우리 책이 얼마나 훌륭한지가 아니라 우리 책을 언제 어떻게 읽을지 알려주어야 한다. 출판계가 보아야 할 고객은 책을 많이 사는 기존 고객이 아니라 책을 통해 자기 시간을 의미 있게 채우려는 초보자들이다.

다른 산업도 마찬가지다. 우리 제품이 얼마나 훌륭한지 알리는 것이 아니라 우리 제품을 어떻게 활용할지 알려야 한다. 가능하면 '챌린지'를 만들어 활용도를 높여야 한다. 활용 포인트가 자신의 생산성을 증명하거나 자기성찰과 연결되면 더욱 좋다. 예컨대 LED 마스크를 위한 아이디어 제안! LED 마스크의 가장 큰 불만은 '효과가 없다'가 아니라 '실제로 안 쓰게 되네요'다. 자주 사용하지 않으면 만족도도 떨어지기 마련이다. LED 마스크와 함께하는 매일 저녁 8시 명상의 시간, 나만의 완벽한 휴식시간 갖기 캠페인을 벌이면 어떨까? 마스크를 쓰고 있는 동안 다른 일을 할 수 없다는 것은 단점이 아니라 장점으로 작용할 수 있다. 매일 저녁 눈을 감고, 휴대폰을 내려놓고, 머리를 비우는 20분을 갖는다. 20분씩 매일매일 사용하면 마스크에서 박수소리라도 보내주자. 사용자가 기계를 매일 사용했다는 기록은 피부가 이만큼 좋아졌다는 것보다 가시적이고 확실한 성과가 될 수 있다.

제습기와 에어프라이어의 차이는 여기에 있다. 제습기는 장마철에 습기를 제거해준다는 계절적 기능과 긴밀히 연결돼 있다. 활용 포인트가 넓지 않을뿐더러 확산되지도 않는다. 반면 에어프라이어는 무궁무진한 콘텐츠성을 안고 있다. 간식부터 주식까지, 한식부터 양식까지, 붕어빵부터 맛동산까지 넣어본다. 떡 벌어지게 상을 차리는 요리 전문가에게도 처음 요리하는 초보자에게도 통용된다. 요리의 결과는 자기 생산성과 직결된다.

생활변화관측소에서 관측을 시작한 이래(2019년 1월) 지속적으로 상승하고 있고 코로나 이후 더욱 상승한 에어프라이어의 성공요인을 잊지 말자. 과정의 번거로움을 없애준 간편함, 단순한 과정을 거친 결과의 전문성, 그리고 무궁무진한 콘텐츠. 참여자의 부담은 줄이고, 지속적으로 참여할 계기를 제공하고, 이름 모를 참여자들과 느슨한 연대의식을 갖게 해주는 것. 이것이 바로 북커버 챌린지와 에어프라이어가 공유하고 있는 정서다.

루틴은 지루하게 반복되는 것이 아니라
나에게 주어진 시간을
어떻게 의미 있게 보내는지 보여주는
자기관리와 자기표현을 위한 선언적 키워드다.

실현 가능한 가시적 목표 : #미션 #챌린지 #달성

앞서 언급한 루틴과 챌린지의 공통 속성은 한 번이 아니라 연속해서 행해진다는 것이다. 키토제닉 다이어트 39일차, 미라클모닝 챌린지 7일차와 같이 챌린지 뒤에는 '○○일차'가 따라 붙는다. 다이어트의 목표는 건강한 몸을 갖는 것이지만 그보다 더 분명하고 달성 가능한 목표는 며칠 동안 연이어서 수행한다는 지속성 그 자체다.

카카오뱅크의 26주적금 챌린지도 마찬가지다. 26주 동안 1000원씩 금액을 늘려가며 한 주도 빼놓지 않고 지속적으로 적금을 넣겠다는 것은 1억을 모으겠다는 멀고 먼 목표보다 가시적이고 달성 가능하다. 2020년 3월 21일 필자가 개설한 카카오뱅크 자유적금은 만기까지 243일 남았다. 1년 동안 매주 1만 원 적립, 연 1.5% 금리 적용, 현재 모은 돈 18만 원, 이자 117원. 푼돈이라면 푼돈이지만, 중요한 것은 내 휴대폰에서 매일매일 돌고 있다는 것이다. 매주 말을 걸고(1만 원씩 적립된다고 카카오톡이 온다), 언제든 확인할 수 있다. '손에 잡히는 일상'은 '세계가 놀랐지만 안 쓰는 혁신'보다 나에게 더 중요하게 다가온다. 실현 가능한 가시적 목표, 반복의 기록, 자기관리적 측면(이 일을 통해 자신이 업그레이드되고 있다는 느낌)은 브랜드 애착의 중요한 포인트다.

위에 열거한 내용은 캐릭터 육성 게임의 조건과도 정확히 일치한다. 캐릭터 육성 게임의 캐릭터는 1레벨부터 시작한다. 캐릭터는 게임에서 제공하는 미션(해야 하는 '임무'나 '할 일'이라고 부를 수도 있었을 텐데 종교적 함의가 짙은 '미션'이라는 단어를 사용한다)을 수행한다. 미션은 캐릭터가 수행해야 하는 목표이고 언제나 달성 가능하다. 달성이 어려운 사람은 게임을 그만두면 된다. 미션을 수행할수록 캐릭터 레벨이 업그레이드된다. 10레벨까지는 빠르게 성장하고 그 다음부터는 조금 어렵지만 그럭저럭 성장해나간다. 캐릭터가 성장할수록 장비도 좋아진다. 머리, 어깨, 가슴, 다리, 손목, 손, 발에 찬 갑옷과 장비가 눈에 띄게 화려해진다.

사람들이 자신의 캐릭터를 키우듯 자신을 키우고 있는 것일까? 아니면 개인의 성장을 캐릭터 육성 게임으로 구현해놓은 것일까? 선후관계가 어찌되었든 현대인에게 실현 가능한 가시적인 목표는 어느 때보다 중요하다. '리얼클래스'라는 온라인 영어교육 프로그램에는 환급챌린지 제도가 있다. 환급규정은 조금씩 바뀌는데 필자가 가입할 당시에는 매일의 미션을 한 달 동안 빠짐없이 수행한 사람에게 현금 5만 원을 지급하는 방식이었다. 하루 20분 정도 강의를 듣고, 사진 찍어 올리고, 몇 개의 영작을 하는 등의 조금 번거롭고 아주 어렵지는 않은 수준의 미션이다. 필자와 아주 잘 아는 사이의 열한 살 소년은 6개월 동안 총 30만 원을 환급받았다. 세금도 떼지 않고 정확히 50,000원이 통장에 찍힌다.

눈에 보이는 목표설정, 그 목표에 도달할 수 있는 효과적인 방법 제시, 그 방법으로 목표한 바를 단기간에 성취하기. 이것은 온라인 교육 서비스의 방식이자 한국의 학생들이 직면한 학습환경이다. 비단 사교육 학원만이 아니다. 공교육에서 시행되는 수행평가는 '특정 기간까지, 이러이러한 방법으로, 어떤 결과를 제출할 것'을 요구한다. 1~2일 내의 비교적 짧은 기간에 완수해야 하는 과제이며, 평가항목은 이름 그대로 이 과제를 수행했는지 여부다. 창의성을 발휘할 필요도 없고 그러할 여지도 없다. 창의성은 오히려 과제가 요구하는 정확도를 해치므로 위험하기까지 하다.

코로나 이후 시행된 온라인 수업은 이러한 경향을 더 강화한다. 대면이 아닌 상황에서 학생이 출석했는지 수업에 참여했는지 여부는 과제로 판가름 난다. 여기서 과제는 몇 날 몇 시까지 무엇을 하라는 모든 지시사항에 해당된다. 예를 들면 출결은 9시 10분까지 댓글을 다는 것으로 체크함, 댓글은 '출석완료'라고 적거나 간단한 퀴즈를 클릭할 것, 과학수업 종료 후 3시 20분까지 마찰력과 중력에 대해 각각 3줄 이상 설명할 것, 그 이후 혹은 과학수업 종료 전 제출은 무효 처리함.

주어진 기간 안에 명확한 과제를 수행하는 데 익숙해진 아이들은 목표(과제)를 명확히 알고 싶어 하고, 그 목표를 이룰 수 있는 최선의 길을 걷고 싶어 하며, 그 목표를 늦기 전에 반드시 이루고 싶어 한다. 목표 없이 그냥 돌아다니거나, 실패하거나 먼 길을 돌아 방황하는 것에는 수용적이지 못하다. 필자가 다니는 회사에서 학생 인턴을 선발하는 시기가 점점 빨라진다. 9월부터 시작할 인턴의 합격 통지가 7월 20일에 나간다. 요즘 학생들의 화두가 '계획, 계획, 계획'이라고 교수님이 알려주셨기 때문이다.

자신의 삶을 예측 가능하고 통제 가능하게 만드는 것은 바람직한 일이다. 심리학적으로도 안정된 삶이라고 한다. 하지만 계획되지 않은 즉흥적 사건을 받아들일 여유가 없는 것은 불안에서 기인한다. 머리로는 삶이 점이 아닌 선(線)임을 알고 있어도 마음속의 불안함은 선보다 점을 먼저 보라고 부추긴다. 이 책에서 과제 중심 교육의 문제점을 지적하고자 하는 것은 아니다. 목표설정과 계획 그리고 목표달성이 중요한 심리가 된 데에는 교육환경이 영향을 미쳤을 것으로 강하게 추정된다는 것을 말하고자 할 뿐이다.

스스로 시도하는 습관성형

물론 사람들이 주어진 과제만 해결하려 하는 것은 아니다. 스스로 목표를 설정할 힘 또한 지니고 있다. 더 긍정적인 것은 코로나 이후 목표의 호흡이 더 길어졌다는 사실이다. 한 번 체험해보는 것보다 꾸준히 할 수 있는 취미를 찾고, 앞으로도 계속할 방법을 모색한다. 현재 개인들이 설정한 목표는 생존을 위한 요리, 교양을 위한 독서와 글쓰기, 건강을 위한 운동 정도로 지극히 현실적이고 개인적인 차원이다. 다른 사람의 명령을 수행하기 위해 긴장한 채 대기하는 것보다는 자신의 패턴을 만들어서 각자의 세계를 구축하고, 구축된 세계를 지속적으로 유지하고자 노력하는 모습은 긍정적이다. 개인들의 목표가 일정한 방향성을 가져서 의미 있는 사회 움직임을 만들 수 있기를 기대한다.

기업은 이 움직임에서 가장 중요한 역할을 수행할 수 있다. '습관성형'이라는 말이 있다. 내가 앞으로 어떤 습관을 만들어가겠다는 결의에 찬 표현이다. 기업이 습관성형에 어떻게 기여할 수 있을까? 습관성형은 '템'을 구입하는 데서 시작한다. 7개의 도시락을 구입해 정해진 식단을 지키기로 결심하면서 다이어트를 시작한다. 매일 30분씩 글을 쓰겠다고 결심한 사람은 마음에 드는 노트와 펜부터 구입한다. 매일 운동하기로 결심한 사람은 운동화와 운동복을 구입한다. 나이키는 일찍이 이런 사실을 알고 있었다. 도시 한가운데에서 팀을 꾸려 달리는 러닝 크루(running crew)가 20~30대 사이에 하나의 라이프스타일로 자리잡기 훨씬 이전부터 나이키는 러닝 크루를 조직하고, 독려했다. 운동화를 팔기 위해 운동화가 반드시 필요한 일상의 시간을 제안한 것이다.

나이키가 그랬던 것처럼 이제 브랜드는 개인의 일상에 목표를 제시해야 한다. 목표제시가 어렵다면 사람들이 세운 목표를 달성하는 데 효과적인 도구가 돼야 한다. 목표달성을 위한 기능적 도구가 되어도 좋고 기록의 증거물로 쓰여도 좋다. 예를 들어 플라스틱 그릇 하나에도 함의가 담겨 있다. 제로웨이스트를 실천하는 사람은 비닐봉지나 일회용 용기를 받지 않고 자기 가방과 플라스틱 그릇을 이용한다. 에코백과 그 안에 담긴 가벼운 플라스틱 그릇 사진은 제로웨이스트를 상징한다. 제로웨이스트를 상징하는 플라스틱 그릇은 환경호르몬이 나오지 않는다는 광고보다 훨씬 더 환경친화적으로 느껴진다.

이처럼 제품의 상징성 중에는 코로나 이후 더 강조해야 하는 의미와 덜 강조해야 하는 의미가 있다. 감성, 분위기, 취향, 안목의 상징성보다는 생존, 습관, 환경에 대한 상징성을 강조해야 한다. 미니멀한 디자인의 하얀색 선풍기가 있다면 나의 안목이나 디자인보다 '에어컨을 덜 틀기 위해 선풍기를 구입했다'거나 '우리 집 시그니처 컬러를 민트색으로 정하고 나머지는 화이트로 하나씩 바꿔가는 중이다(하나씩 실천하는 지속성 강조)'라고 말하는 것이 시대정신에 더 부합한다. 코로나 이후 집을 가꾸고 꾸미는 움직임이 뚜렷하지만 '인테리어'라는 키워드는 줄고 '집정리'라는 키워드가 증가했음을 기억하자.

사용성에 관해서는 이벤트성보다 일상성을 강조해야 한다. 식품을 광고한다면 '당신의 어떤 날을 돋보이게 한다'보다는 '당신의 건강이 무엇보다 중요하므로 매일의 먹거리도 소홀히 하지 말자'는 일상성을 강조하는 것이 좋다.

첨단, 혁신도 강조할 수 있는 상징성이다. 생존과 습관, 일상은 일견 첨단과 먼 단어인 것 같지만 지금은 가장 앞서가는 첨단이 가장 기본적인 생존에 연결되는 예외적인 시기다. 단, 첨단이나 혁신이 기술 자랑에 그쳐서는 안 된다. 세계 최고, 세계 최초의 5G가 아니라 QR코드로 찍은 개인정보를 실시간 송출하고 그 사람이 건물에 들어가기 전에 이상 징후 없음을 확인하기 위한 속도의 5G. 이제 첨단의 목적과 활용성은 실생활로 침투해야 한다.

실현 가능한 가시적 목표,
반복의 기록, 자기관리적 측면은
브랜드 애착의
중요 포인트다.

종교는 가고 리추얼은 남았다

가톨릭의 매 주일은 이름을 갖고 있다. 부활주일과 성탄주일(크리스마스)을 두 축으로 부활을 향해 가는 사순주일, 성탄을 향해 가는 대림주일, 그사이의 평범한 주일일지라도 연중 몇 주일이라는 이름이 붙는다. 교황주일, 농민주일처럼 특별히 어떤 이들을 기억하는 주일도 있다. 이 글을 쓰고 있는 7월 26일 일요일은 '연중 제17주일'이다. 당신이 이 글을 읽고 있을지도 모를 11월 1일은 '모든 성인 대축일'이다. 매주의 미사는 같은 방법과 순서로 의례에 따라 진행되지만 특정 성인 및 성녀의 축일, 성모성월, 위령성월 등 그날의 의미에 따라 제의의 색깔과 기도문의 내용이 조금씩 달라진다.

시간에 의미를 부여하는 것은 종교의 중요한 역할이다. 종교가 없는 사람도 종교의 시간 단위에 영향 받는다. 하느님이 엿새 동안 세상을 창조하고 일곱째 날을 쉬신 것처럼 사람들은 일주일 중 6일을 내리 일하고 하루를 쉰다. 주5일제 이후 토요일도 쉬고, 주52시간 근무제가 시행되면서 오후 6시 이후도 쉰다. 시간은 굴곡 없이 흐른다. 그 시간에 매듭을 정하고 매듭마다 의미를 부여한 것은 사람들이다. 일곱 날을 하나의 주(week)로 묶고, 28~31일 정도를 한 달로, 12개의 달을 1년으로 묶었다. 시간이 밑도 끝도 없이 흘러가게 놔두기에는 너무 지루하다. 쉬는 타이밍을 갖거나 새롭게 시작하는 시점을 잡기도 어렵다. 학교나 회사의 시작은 오전 9시다. 온라인 개강 첫날, 초등학생들이 반드시 오전 9시에 수업을 시작해야 한다는 규정은 없었지만 e학습터 서버는 오전 9시에 접속자 폭주로 다운되었다.

습관은 무섭다. 습관은 무섭지만 바이러스는 더 무섭다. 코로나 이후 시간의 단위가 달라졌다. 긴 시간을 통째로 맞은 사람들은 나름대로 시간의 매듭을 만들어간다. 몇 시부터 몇 시까지는 뭘 하는 시간이라고 규정해 의미를 부여한다. 지루해서만은 아니다. 게임이나 콘텐츠를 보면서 재미있어서 시간 가는 줄 몰랐다 해도, 돌아볼 때 의미 없는 시간은 참기 어렵다. 그래서 사람들은 시간에 의미를 부여한다. 의미를 부여해 지나가는 시간을 붙잡으려 한다.

종교의식이나 절차, 의례를 뜻하는 '리추얼'(ritual)의 다른 뜻은 항상 규칙적으로 행하는 의식과 같은 일이다. 모닝루틴, 나이트루틴, 주말루틴은 개인의 리추얼이다. 사람들은 주어진 시간을 자신만의 반복되는 행위로 채워서 시간을 소유하고 자신의 세계를 구축하려 한다. 종교의 가르침을 따르는 것은 아니지만 자신의 전례력을 만들어간다. 나의 아침은 이렇게 시작한다, 나의 일주일 식단은 이렇게 꾸려간다, 나의 100일 계획은 이러하다…. 종교의식에 제기(祭器)가 갖춰져 있듯이 의식에 맞는 제품이나 브랜드도 갖춘다. 종교의식이 꼬박꼬박 이루어지듯이 개인의 리추얼도 반복적으로 행해진다.

개인 리추얼의 비전은 무엇인가? 지금보다 더 나은 자신이다. 공동체의 구원까지는 어렵더라도 적어도 개인의 구원을 꿈꾼다. 의미가 부여된 반복되는 행동인 '리추얼', 리추얼을 통해 얻고자 하는 방향성인 '비전', 이것이 시간의 주인으로서 자기 세계를 구축하려는 개인과 종교세계의 공통점이다.

이제는 기업/브랜드가 배워야 할 차례. 우리 브랜드의 리추얼은 언제, 무엇을 하는 것이며 그 비전은 무엇인가?

사실 많은 기업은 알게 모르게 리추얼을 갖고 있다. 필자가 현재 다니는 회사는 '자연어 처리를 동반한 텍스트마이닝' 기술에서 출발했다. 우리 회사는 한글날을 기념한다. 회사의 기본이 언어에서 시작했기 때문이다. 정기 세일도 일종의 리추얼이다. 새해를 맞이하여, 입학 시즌에, 연말을 맞아 대대적인 세일을 하는 것은 연례행사이며 소비자에게도 학습돼 있다. 하지만 이 세일은 비전을 갖고 있지 않다. 이날을 맞아 회사 매출을 급격히 올려보겠다는 것 외에 소비자와 공유하는 비전이 없다.

특정 회사의 제품이 소비자의 리추얼을 완성하는 경우도 있다. 이른 새벽에 하루를 시작하는 사람에게 맥심 커피를 마시는 행위는 노동의 시작을 알리는 리추얼이다. 매주 토요일 특정 시간을 정해서 달리는 사람에게 나이키 운동화 끈을 꽉 매는 행위는 노동에서 자기 몸으로 돌아오는 주말 리추얼의 신호탄이다. 해마다 몰스킨 플래너를 사는 사람은 플래너에 자기 이름을 적어 넣는 것으로 새해를 맞는다. 브랜드는 사적 이익을 위해 제품을 판매하지만, 그 브랜드로 자신의 리추얼을 완성하는 사람에게는 제의의 의미를 지닌다. 그 브랜드가 단종되면 대체품을 구할 수는 있을지언정 그 의미를 온전히 찾을 수는 없다.

리추얼로서 브랜드가 염두에 두어야 할 다음 화두는 '시간'이다. 브랜드는 어떤 시간을 어떤 의미로 채울 것인가? 누구의, 어떤 시간을 소유할 것인가? '구원의 은총'이라는 종교의 비전은 매주 행해지는 예배와 긴밀히 연관돼 있다. 매주의 리추얼이 없는 비전은 공허하다. 반대도 마찬가지, 반복되는 리추얼만 있고 비전이 없으면 유지되기 어렵다. 사람들과 공유할 수 있는 우리 브랜드의 '의미'와 그 의미를 실천할 수 있는 '날들'이 필요하다.

공간의 시그니처가 '플래그십 스토어'라면 시간의 시그니처는 '리추얼'이다. 시간의 시그니처는 브랜드가 지정한 시간을 사람들이 기억하게 할 수도 있고(예를 들어 '일요일은 내가 ○○○○ 요리사'), 특정 순간에 브랜드가 떠오르게 할 수도 있다(예를 들어 '삶의 휴식이 필요할 때 ○○○○ 한 잔'). 시간의 한정판은 배타적인 동시에 개방적이다. 프라이빗 공간 서비스를 떠올려보라. 사람들은 다른 이들의 방해 없는 완전한 휴식을 원하고, 자신에게 허락된 시간 동안 온전히 그 공간을 점유하고 싶어 한다. 지금의 프라이빗이 과거와 다른 점은 사람이 아니라 시간을 한정한다는 것이다. 과거의 프라이빗 서비스는 특별한 VIP 회원에게만 열려 있었지만 지금은 예약을 통해 누구나 그 시간을 점유할 수 있다(블루보틀 삼청 한옥, 메가박스 더부티크 프라이빗 영화관 등). 하지만 그 시간을 누릴 때 그 사람은 '누구나'가 아니다. 그 순간만큼은 특별한 존재다.

밀레니얼 시대감성을 논하면서 사람들은 "나는 특별해, 나는 이것을 누릴 만한 자격이 있어(I deserve it)"라는 기조를 말했다. 바이러스를 겪으면서 우리는 특별함에 대한 특권의식을 내려놓게 되었다. 삶은 모노톤으로 흐른다. 기조는 이렇게 바뀔 것이다. "나는 원래 특별하지 않다. 대부분 평범하지만 나 스스로 나에게 특별한 순간을 만들어내겠다." 리추얼을 통해 평범한 사람에게 특별한 시간을 선사하는 것이 브랜드의 다음 전략이자 미션이다.

대한민국의 여가시간을 연구하라

주5일제가 주말 산업을 일으켰듯이 주52시간 근무제는 평일루틴 산업을 일으킬 것
이다. 일상 속 여가시간, 일상에서 '나만의 시간'이라 주장되는 시간을 잡아라. 새로
운 시간 정의를 만들어낼 수 있다면 더욱 좋다.

사람들의 시간지분을 가져가라

시간을 의미 있게 채우는 것은 비즈니스로도, 개인적으로도 중요한 과제가 될 것이
다. 성능 대비 가격이 아니라 활용빈도와 시간을 제시하라. 목표는 소비자의 일상
루틴에 들어가는 것이다.

종교에서 배워라

구원이라는 종교의 비전과 매주 반복되는 리추얼, 리추얼에 사용되는 제기와 제의,
종교의 자부심과 공동체 의식. 종교의 자리에 당신의 브랜드를 넣을 수 있다면 성
공이다.

Chapter 2

집으로 들어온
의무, 휴식, 놀이

백경혜

혼자만의 시공간을 즐기기 위해 내 방이 더 중요해지고,

집에서의 활동도 더욱 다양해지고 있다.

오늘날 집의 역할은 무엇인가?

소셜 빅데이터가 가리키는 것은 크게 3가지,

의무의 집, 휴식의 집, 놀이의 집이다.

코로나가 바꾼 시공간의 개념, 그 중심에 집이 있다

《2020 트렌드 노트》의 주제는 '혼자만의 시공간'이었다. 당시 관측한 내용은 혼자 살든 여럿이 살든 사람은 자기만의 시간과 공간을 원하며, 이는 외부에서 학습한 경험을 집으로 들여오며 점점 높은 수준으로 전문화되고 있다는 것이었다. 사람들은 자신에게 최적화된 환경에서 자기만의 콘텐츠를 즐기며 만족하곤 했다.

코로나19 이후 집의 의미는 더욱 각별해졌다. 단순한 휴식의 공간이 아니라 바이러스의 공격을 피할 수 있는 가장 안전한 방공호가 되었고, '하루 종일'이라는 긴 시간을 보낼 수밖에 없는 곳이 되었다. 어쩔 수 없이 집에 갇혀서 가족과 공간을 공유하고, 어쩔 수 없이 함께 시간을 보내야 하는 상황에 맞닥뜨렸다. 그렇다면 코로나19 이후 '혼자만의 시공간'이라는 트렌드는 사라지고, 새로운 시공간의 활용법이 생겨나기 시작했을까?

결론부터 말하자면, 코로나가 기존의 흐름에 반전을 가져오지는 않았다. 오른쪽 도표에서 코로나 이후 줄어든 '집' 연관 키워드를

〈코로나19 전후 '집' 연관어 변화〉

배송과 배달	우리집 자연	쾌적템	업무/학습	분리된 공간	콘텐츠 소비	건강 챙기기	제대로 해먹기
쿠팡	화분	에어컨	재택	내방	유튜브	영양	집밥
배송	식물	선풍기	온라인강의	베란다	독서	근육	식단
온라인쇼핑	꽃병	베개	학습	테라스	게임	다이어트	냉장고
배달음식		매트리스	공부	안방	드라마	면역력	레시피
배달의민족		리클라이너	책상	서재	스피커	우울증	베이킹
		소파	노트북	벽지	넷플릭스		오븐
		향기			아이패드		에어프라이어
							식탁

2019년 8월 대비 증가한 키워드 ─── 집

2019년 8월 대비 감소한 키워드

야식	빨랫거리	육아	반려	스펙 쌓기	꾸밈노동	외부인 방문
맥주	빨래	육아	사료	교육	화장품	손님
치킨	세탁기	유모차	캣타워	자격증	원피스	시어머니
치맥		이유식	목줄		메이크업	친정엄마
야식		장난감	울타리			

소셜 빅데이터 상 언급 키워드 Top 200 중, 2019년 8월 대비 2020년 8월의 순위가 10위 이상 변동된 경우 표기
출처 | 생활변화관측소, 블로그 · 커뮤니티, 2019.08.01~2020.08.31

보자. 퇴근 후 치맥으로 보상받는 야식 장면이 줄었고, 외출이 적어진 탓에 빨래도 줄었다. 어차피 마스크로 가려지니 메이크업과 원피스로 꾸미는 행위도 줄었다. 미래를 위한 교육과 자격증 준비도 줄었고, 함께 사는 가족 외에 손님, 시어머니 등 외부인의 방문도 줄었다. 반려동물과 하루 종일 함께 있으니 사료 떨어질 염려도, 캣타워나 울타리의 필요성도 줄었다.

줄어든 것들 사이에서 눈여겨봐야 할 포인트는 육아의 영역이다. 육아 고민은 더 커졌을 것 같은데 언급은 오히려 줄었다. 하지만 언급이 줄었다고 고민도 덜 한다는 의미는 아니다. 그보다는 어린 아이들과 24시간을 꼼짝없이 집에서 보낼 수밖에 없는 상황에서 어떤 이유식이 좋을지, 어떤 장난감을 사주면 아이가 좋아할지 등을 고민할 여력, 내일의 고민을 이야기할 짬이 줄어든 것으로 해석된다. 아이를 어린이집에 보낸 후 가졌던 커피 한잔의 여유가 사라졌고, 아이를 유모차에 태워 외출하기도 어려워졌다. 24시간 삼시세끼 그 이상을 차리고 먹이고 치우고 돌보는 육아 현실에 갑자기 맞닥뜨린 터라 내일의 고민을 이야기할 여유가 부족한 것이다.

그렇다면 집에서 증가한 장면은 무엇일까? 온라인 장보기의 대표주자 쿠팡 배송과 배달음식, 자연에 대한 그리움을 달래줄 플랜테리어용 화분과 꽃병, 후텁지근한 실내 공기를 시원하게 해주고 깨끗하게 청소해주고 편안한 잠자리를 만들어주는 베개와 매트리스 등 쾌적템에 대한 언급이 증가했다.

혼자만의 시공간을 즐기기 위해 내 방이 더 중요해지고, 베란다 마저 의미 있는 공간이 되며, 영양제와 홈트레이닝으로 내 건강을 챙기고, 식단을 짜고 레시피를 검색해 제대로 해먹으려 도전하는 모습은 코로나 이전에도 증가하고 있었다. 코로나는 변화를 더욱 가속화하는 촉매 역할을 했을 뿐이다. 이 '뜨는 키워드'들이 집에서 어떤 활약을 하는지 추적하면 오늘날 우리에게 집의 역할이 무엇인지도 알 수 있을 것이다. 소셜 빅데이터가 가리키는 집의 역할은 크게 3가지, 의무의 집, 휴식의 집, 놀이의 집이다.

집의 역할	뜨는 키워드	변화 포인트	요구되는 사항
의무의 집	제대로 해먹기 (집밥, 식단, 냉장고, 레시피 등)	아웃소싱을 꿈꾸었으나 코로나로 좌절된 밥해먹기	내 시간, 내 에너지 절약 (전문성보다는 '나 대신')
	업무/학습 (재택, 온라인 강의, 책상, 공부 등)	밖에서 하다 집으로 들어온 일 새로운 기기와 환경 구축이 가장 많이 필요한 영역	공간 분리와 국면 전환 (의무를 수행하는 '동인'보다 '시작'과 '끝'이 중요)
휴식의 집	쾌적템 (에어컨, 매트리스, 리클라이너 등)	코로나 이전부터 중시되었고 코로나 이후 더욱 강화되는 내 공간의 쾌적성	가성비보다 고퀄리티 (끝판왕)
	우리집 자연 (화분, 식물, 꽃병 등)	코로나 이전에는 반려식물, 코로나 이후에는 집 속 자연으로 강화	인테리어보다는 반려식물
놀이의 집	콘텐츠 소비 (유튜브, 독서, 게임, 스피커 등)	코로나 이전부터 중시되었고 코로나 이후 더욱 강화되는 나만의 놀이	구색보다는 제대로 구현

코로나19는 혼자만의 시공간을
더 가속화하는 촉매 역할을 했을 뿐이다.

의무의 집 : #나대신 #공간의전환 #시간컨트롤능력

집에서는 해야 할 게 많다. 싱글 직장인이었다면 평일에 외면했다가 주말에 한꺼번에 해치우던 빨래, 청소 등 온갖 집안일이 집에 머무는 시간이 길어지며 눈에 거슬리기 시작한다. 아무리 집정리를 해도 새로운 청소거리가 생겨난다. 혼자 몸이면 그나마 낫지만 엄마의 경우 학교나 보육시설에 가지 못하는 아이를 돌보아야 하고, 여기에 남편까지 재택근무를 한다면 고행의 무게가 3배가 아닌 30배가 된다. 아침부터 잠들기 전까지 신경 쓰고 챙기고 해결해야 하는 집안일이 끝도 없이 이어진다. 직장맘이라면 본인 업무도 완수해야 함은 물론이다.

이 고난 앞에서 사람들은 내 시간과 에너지를 절약할 방법을 적극 모색하고 있다.

24시간의 의식주

청소와 빨래하는 시간은 최신가전이 절약해준다. 무선청소기가 거실로 들어오면서, 작정하고 꺼내서 끌고 다니는 무거운 청소가 필요할 때마다 하는 가벼운 청소가 되었다. 세탁물 투입, 탈수, 빨래 널기, 건조, 빨래 개기까지 최소한 1박2일이 걸렸던 빨래의 긴 여정은 건조기가 3시간여로 단축시켰다. 식기세척기는 힘든 요리의 끝에 또 해야 하는 설거지 스트레스를 단박에 해결해주어 식사가 즐거움으로 끝날 수 있도록 도와준다.

"가전의 힘으로 코로나 버티고 있어요. 식기세척기가 없었으면 삼시 세끼가 너무 끔찍했을 것 같아요. 12인용 하루에 세 번은 기본으로 돌리고 있는데, 아직 제 허리가 아작 나지 않은 건 식기세척기 덕분! TV랑 노트북 2대도 제 몫을 하고 있어요. 각자 EBS, 영어도서관 수업, 업무, 넷플릭스 수시로 보고 있어요. 물걸레 로봇청소기 에브리봇은 진짜 완소템♥ 온 식구 집에만 있으니 청소가 더 힘든데 이 방 저 방 심심하면 일 시켜요. 대신 세탁기 비중은 확 줄었어요. 내복, 잠옷차림이고 외출도 안 하니까요."

외주화 전략으로 시간과 에너지를 절약하기도 한다. 문밖에 빨랫감을 걸어두면 다음 날 다시 문 앞에 새 옷처럼 배송해주는 '런드리고', '세탁특공대' 같은 비대면 세탁대행 서비스로 빨래에 드는 시간과 에너지를 절약한다. 반면 청소는 사정이 조금 다르다. 코로나 이전에는 혼자서 감당하기 어려울 때 '미소', '청소연구소'와 같은 가사도우미 서비스를 이용하는 사람들이 늘고 있었다. 하지만 코로나로 외부인을 집에 들이기가 껄끄러워졌으니, 마음은 굴뚝같아도 청소 아웃소싱에 대한 심리적 허들은 당분간 유지될 것이다. 청소를 도와주는 가전이 그 자리를 더욱 강력하게 대신할 것으로 예상된다.

뾰족한 대안이 없어 더 힘들어진 육아의 영역에도 아웃소싱은 존재한다. 아직은 공급이 부족한 정부 아이돌봄 서비스의 대안으로 아이돌보미와 가정을 연결해주는 민간 플랫폼 '맘시터'의 수요가

서서히 증가하고 있다. 맞벌이 육아 부부의 어쩔 수 없는 선택지가 된 맘시터의 2020년 상반기 신규회원은 20만 명으로, 전년 대비 2배의 성장을 보였다. 더 흥미로운 점은 청소 아웃소싱과 달리 육아 서비스의 성장은 '코로나에도 불구하고'가 아닌 '코로나이기 때문에'라는 것이다.

"저희집 맞벌이고요, 남편과 단둘이 양가 도움이 불가능해서 아이를 돌보고 있는데 웬만한 집안일은 돈 들여서 해결하고 있는데, 육아는 정말이지 제 능력 밖이네요. 둘 다 휴가도 잘 못쓰고 칼퇴도 어려운 회사를 다니고 있어서 맘시터를 통해서 등하원이라도 도움 받으려고 알아보고 있어요."

가전 및 외부 인력의 도움으로 스트레스가 해소된 청소와 빨래는 인테리어의 영역으로 진화한다. 용도별 정리용기로 가지런해진 냉장고, 체계적으로 잘 정리된 팬트리, 세탁기-건조기-세탁세제가 완벽한 인테리어 패키지처럼 디스플레이돼 '세탁실'이라는 이름을 얻게 된 베란다, 무선청소기-로봇청소기-물걸레청소기-밀대 등 다양한 청소용품을 보관하는 공간 등은 내가 청소와 정리에 시달리지 않고 여유롭게 즐길 수 있는 사람임을 보여주는 잣대가 되기도 한다.

먹는 문제는 어떻게 풀어가고 있을까? 코로나 이전까지는 배달의민족으로 시켜먹고 맛집으로 외식을 가는 등 외주화 전략으로 요리 부담을 줄여갔다. 하지만 코로나 이후 어떤 별미를 먹을지 행복한 고민으로 시작했던 외식이 불가능해지고, 바야흐로 스스로 챙겨야 하는 삼시세끼의 스트레스가 시작되었다. 겨우 메뉴를 정해서 열기 속에 요리를 끝내도 식기세척기가 없다면 곧바로 산더미처럼 쌓인 설거지거리를 마주하게 된다.

집밥의 변화는 '집밥' 연관어의 변화에서도 찾아볼 수 있다.

하나, 2020년에 순위가 가파르게 상승한 '집밥' 연관어 중 하나는 '쿠팡'과 '배달의민족'이다. 집밥은 쿠팡과 배달의민족을 통해 배달되고 있다. 해먹지 않는 밥에 대한 일말의 죄책감은 전 국민의 암묵적 합의로 해소되고, 이제 쿠팡의 밀키트와 배달음식은 집밥의 반열에 자연스럽게 편입되었다.

둘, 사람들은 '유튜브'를 통해서 혹은 '백종원'과 같은 유명인의 '레시피'로 '엄마표' 요리, '홈쿡'에 도전하고 있다.

셋, 간단하지만 그럴듯한 결과를 만들어주는 '에어프라이어'는 '전자레인지'와 함께 코로나 시대에 더 소중한 집밥 편의가전이 되었다.

과거의 집밥이 정성 들여 제대로 만드는 조리과정을 내포하고 있었다면, 이제는 밀키트에 담긴 각종 요리재료를 냄비에 넣고 끓여서 조립하듯 요리를 완성하고, 냉동음식을 에어프라이어에 돌린 후 예쁜 접시에 담아내는 것만으로도 집밥의 자격으로 충분하다.

아울러 자취생이 집밥의 새로운 대상자로 떠올랐다는 것도 놓치지 말아야 할 부분이다. 자취생의 전통적인 식사 해결법인 '편의

〈코로나19 전후 '집밥' 연관어 변화〉

	증가 키워드		감소 키워드
1	쿠팡	1	먹방
2	배달의민족	2	시어머니
3	삼시세끼	3	모임
4	배송	4	친정엄마
5	홈쿡	5	정성
6	유튜브	6	후식
7	도전	7	도시락
8	배달음식	8	손님
9	백종원	9	혼밥
10	엄마표	10	간만
11	간단하게	11	야식
12	냉동	12	제대로
13	자취생	13	분위기
14	에어프라이어	14	테이블
15	초간단	15	친구
16	냉장고	16	생일
17	걱정	17	직접
18	박스	18	1인분
19	전자레인지	19	준비
20	레시피	20	혼자

출처 | 생활변화관측소, 블로그·커뮤니티, 2019.01.01~2020.08.31

점'은 코로나 이후 1.2배 정도 상승한 반면 집밥은 2.3배 증가했다. 코로나는 자취생들이 처음으로 요리에 도전하는 계기가 되었다.[1] 외부 인프라의 도움을 받을 수 없게 되자 어쩔 수 없이 집에서 음식을 해먹게 된 것이다.

이렇듯 코로나로 집밥의 형태가 바뀌고, 집밥의 대상자가 늘어났다. 집밥을 처음 해본 사람이 생각보다 많았고, 코로나를 계기로 집에서 처음 해보는 요리가 생겼다. 자의로 시작한 요리가 아니기에 처음에는 동기부여가 생기기 어렵다. 그래서 타인의 레시피를 빌려오고, 그러다 뒤늦게 요리의 재미를 느끼면 기존 레시피를 변형해 나만의 레시피를 만든다. 그렇게 다양한 '첫 집밥'이 만들어지고 있다.

업무와 학습의 공간

집에서 수행하는 의무 중 기존 트렌드에 없다가 2020년 예상치 못하게 편입된 것들도 있다. 바로 업무와 학습이다.

별도의 업무공간을 갖춘 집은 많지 않다. 그러다 코로나로 재택근무가 시작되자 많은 가정이 책상과 컴퓨터를 갖춘 공간을 새롭게 만들어내야 했다. 회사에서 제공하는 모니터, 책상, 의자, 문구, 휴식 라운지, 냉난방, 공기청정과 같은 '업무공간'과 식당, 커피머신, 간식, 카페 등의 '복지혜택'의 소중함을 새삼 깨닫게 된다. 당

---

1) 자취생의 '요리 처음하다' 언급량은 전년 대비 2.7배 상승, 주부의 '요리 처음하다' 언급량은 전년 대비 1.5배 상승했다.

연하다고 생각했고 심지어 부족하다고 여겼던 것들이 집에는 아예 준비되어 있지 않다.

그러나 매일 8시간 이상, 매년 250일 가까이 사무실의 기능성 의자에 길들여진 척추와 엉덩이가 몇 만 원에 공수한 이케아 의자에 적응할 리 없다. 사무용 의자의 끝판왕이라 불리는 허먼 밀러 의자를 평소에 사용하는 직장인은 극소수임에도 코로나 이후 '허먼 밀러'에 대한 언급이 1년 전에 비해 5.6배 상승했다. 그만큼 집의 업무환경에 불편을 느끼고 고급 사무용 가구에 대한 관심이 높아졌다는 뜻이 아닐까? 재택근무를 피할 수 없다면 환경이라도 제대로 갖추고 싶은 것이다.

이때다 싶게 사무실 가구보다 먼저 치고나간 홈오피스 가구도 있다. 바로 높이와 각도가 조절되는 '모션 데스크'다. '모션 데스크' 언급량은 1년 전에 비해 2.2배 늘었다. 의자만으로는 미세한 높낮이 조절이 어려운데, 책상의 높이와 각도까지 조절할 수 있으니 개인의 체형과 목적에 따라 최적화된 환경을 설정할 수 있다. 코로나가 장기화된다면, 진화되는 홈오피스가 역으로 기존 사무공간에 더 높은 퀄리티를 요구하게 되지는 않을까?

"대~재택의 시대. 급기야 사무실 스타일 의자를 집에 들여놓고 말았는데… 아니 근데 진짜 높낮이 조절되는 의자가 이렇게 소중한지 몰랐어. 어깨 파괴되는 줄… 사무실 의자 쓰레기인 줄 알았는데 알아보니 비싼 것이었다. 감사합니다. 회사님"

환경적 요소 외에 재택근무와 학습의 성공을 결정짓는 가장 중요한 조건은 '전환'(turn-over)이다. 하나는 공간의 전환이고, 또 하나는 시간의 전환이다.

집이 충분히 넓다면 방문만 닫아도 홈오피스나 공부방으로 전환될 수 있다. 그렇지 않으면 거실이나 안방에 접이식 테이블을 펼치거나 주방 식탁을 이용하게 되는데, 이 경우 의무의 공간과 휴식의 공간이 분리되지 않아 업무도 휴식도 힘들어진다. "해야 한다는 마음 70%, 눕고 싶은 마음 70%, 뭐 먹지의 고민 70%로 뇌가 210% 돌아간다"는 표현은 공간이 분리되지 않아서 생기는 고충을 실감나게 전해준다.

화상회의 및 온라인 강의도 신경 쓰인다. 노트북 카메라 뒤로 펼쳐진 배경, 책장에 꽂힌 책들, 벽지 무늬 등 크고 작은 사적 영역이 타인에게 노출된다. 가급적 거슬리지 않을 만한 배경을 찾아 노트북을 옮기거나 아예 화상회의용으로 가상의 배경화면을 설정할 만큼 사적 공간과 업무/학습 공간의 분리는 업무의 효율뿐 아니라 프라이버시 보호 차원에서도 중요한 이슈가 되었다.

어찌어찌 공간이 분리되어도 시간의 전환이 함께 이루어지지 않으면 소용없다. 출퇴근에 걸리는 시간이 절약되었지만, 집을 나서서 사무실에 도착하기까지 업무를 위한 예열시간도 없어졌다. 동료들과 점심식사를 하러 나가거나 잠시 휴식하러 카페에 들르는 전환의 시간도 사라졌다. 업무를 마치고 나누는 퇴근인사도 사라졌고 "다녀왔어"라는 귀가인사도 사라졌다. 일어나자마자 컴퓨터를 켜고 업무를 보고 화상회의를 할 뿐이다. 업무만 남고 업무의 시작과 끝, 그리고 중간중간의 휴식을 알리는 시간적 태그가 한꺼번에 사라져버렸다.

평소에는 업무공간에 들어가 업무적 인간관계 속에 시간적 태그를 나누며 일상과 업무가 자연스레 분리되었는데, 이제는 자신의 의지로 보이지 않는 시간적 태그를 만들어내야 한다. 이에 성공하느냐 여부는 전적으로 '자신과의 싸움'에 달려 있다. 학생들의 공부법 가운데 '스톱워치 공부법'이 있다. 쉬는 시간에는 스톱워치를 멈추고 공부한 시간만 재서 순수한 총 공부시간을 측정하는 것인데, 이 시간관리법을 재택근무인들도 배워야 할지 모르겠다. 실제로 코로나 이후 소셜 빅데이터에서 스톱워치를 포함한 '타이머' 관련 언급이 1.7배 증가했다. 업무를 시작하며 스톱워치를 켜고 잡념이 떠오르거나 휴식이 필요할 때면 스톱워치를 끈다. 업무에 집중하는 시간을 늘리고 제대로 쉬는 시간도 확보하는 방식으로 시간 컨트롤 능력을 키운다. 집중력과 시간관리 능력이야말로 재택근무 시대에 필요한 역량이다.

"원격근무를 하니 퇴근 리추얼이 약화되었다. 결국 타이머 맞추고 업무시간과 휴식시간을 구분하기 시작했다. 원격근무 이후 뭔가 삶이 너무 단조로워진다. 하루가 일을 하는 시간과 그렇지 않은 시간으로 양분되는 기분이다."

혼자만의 시공간은 교집합이다.
공간이 분리되더라도
시간의 전환이 함께
이루어지지 않으면 소용없다.

휴식의 집 : #적극적휴식 #방방가전 #반려식물 #향

집은 집안일을 해야 하는 의무의 공간이지만, 동시에 자유를 만끽하는 휴식의 공간이기도 하다. 집에서 즐기는 휴식에는 어떤 변화가 일어났을지 살펴보자.

최근 몇 년간 '핫플레이스'는 소셜 빅데이터에서 빠지지 않고 등장하는 핫한 키워드였다. 주말이면 새로운 공간을 찾아다니고 사진을 찍어 인증했던 사람들, 주말을 끼어서라도 제주도 여행을 가고, 1년에 한두 번은 해외여행을 떠나던 이들이 코로나로 꼼짝없이 집콕 신세가 되었다.

그러나 몸은 묶여 있어도 새로운 공간에 대한 욕망은 살아 있다. 그런 눈으로 보니 적당히 깔끔하게 살아온 우리 집이 어딘지 촌스럽다. 카페, 맛집, 명소, 해외 여행지 등 바깥세상을 떠돌며 학습한 인테리어 감각과 인터넷과 방송에서 접한 다른 집의 인테리어를 우리 집으로 끌고 들어오기 시작한다. 게다가 오프라인 소비가 막히니 새로운 종류의 물욕이 스멀스멀 올라온다. 가성비가 좋아 구매했던 블루투스 스피커의 음질이 거슬리고, 이불과 커튼도 지겨워진다. 평소 바깥 활동에 쓰던 금전적, 시간적 에너지를 가장 가까운 공간인 '집'에 쏟기 시작한다.

이와 동시에 코로나 이후 '쾌적가전'의 언급이 늘었다. 코로나 이전의 집에는 가족 구성원 각자의 시계가 달랐기에 낮에는 주인 없이 비어 있는 방들이 존재했다. 가족이 모이는 거실도 저녁시간

이후에나 복작대기 시작했다. 하지만 이제는 하루 종일 집 어디에나 사람이 있다. 특히 TV가 있는 거실은 각자의 채널 선호와 필요에 따라 쉴 새 없이 주인이 바뀐다. 아무리 가족이 소중해도 휴식 시간만큼은 방해받고 싶지 않다. 그럴수록 '내 공간'이 소중해진다. 하지만 방문을 닫는 순간 거실과 주방 중심으로 공급되는 쾌적한 공기가 사라진다. 특히 아이 방이나 서재 등 낮에도 가족이 머물게 된 공간의 불편함이 커졌다. 그렇다고 방마다 고가의 에어컨을 설치할 수는 없는 사람들이 찾아낸 해결책은 '창문형 에어컨'이다. 2020년 코로나와 함께한 첫 여름, 일반 에어컨에 대한 관심은 1년 전과 크게 다를 바 없었으나 '창문형 에어컨'에 대한 관심은 3.2배 상승했다.

"더위 많이 타는 아들이 자기 방만 에어컨 없다고 공부 못 하겠다고…
원격 수업을 계속하면 더울 것 같아서 창문형 에어컨을 설치했는데
결론은 고민할 시간에 달자 예요. 방마다 에어컨이 있으니 평화가 찾
아왔어요. 아들이 방에서 안 나와요 ㅋㅋ"

혼자만의 휴식을 상징하는 '리클라이너'가 코로나를 계기로 더 주목받는 것도 눈여겨볼 포인트다. 《2020 트렌드 노트》에서 리클라이너는 모두가 아닌 1인을 위한 것이며, 혼자 쓰는 것이기에 더 전문적이고 좋은 제품을 선택한다고 했다. 코로나 이후 이러한 경향성은 더 강해졌다. 뒹굴면서 아무것도 하지 않는 소극적 휴식에

〈'에어컨' vs. '창문형 에어컨' 언급 추이〉

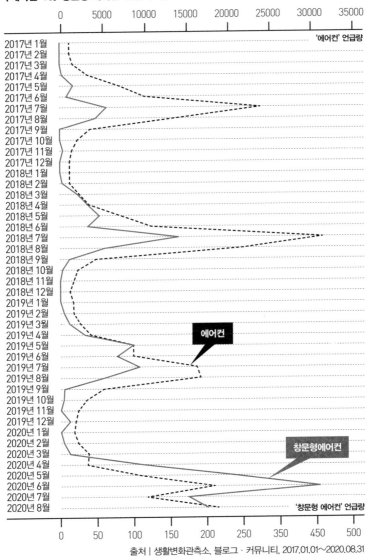

출처 | 생활변화관측소, 블로그 · 커뮤니티, 2017.01.01~2020.08.31

만족하지 못하는 사람들은 제대로 휴식하기 위해 돈을 아끼지 않는다.

집 한 켠에 자리잡은 리클라이너는 그 자체로 휴식의 상징이 된다. 리클라이너에 앉아 있는 것만으로도 휴식의 시간이 되며, 동시에 내 휴식을 방해하지 말라는 시그널이 된다. 마치 사무실에서 이어폰을 꽂고 있으면 '말 걸지 마세요'라는 암묵적 시그널인 것처럼 말이다. 그렇다. 휴식에는 결계가 필요하다. '결계'(結界)의 사전적 뜻은 '불도를 닦는 데 장애가 될 만한 것을 들이지 않는 구역'을 의미한다. 내 휴식에 오롯이 집중할 수 있는 공간의 범위가 집에서 내 방으로, 그리고 제품이 놓인 자리로 좁혀지고 있는 것일까?

"왜 1인용 리클라이너 좋은 거 아무도 얘기 안 해 줬나요… 리클라이너에 앉아 있으면 애도 남편도 아무도 말도 안 걸어요. 반대로 저도 남편이 앉아 있을 땐 방해 안 하는 건 당연~"

같은 공간에서 결계를 치고 휴식 모드로 전환하는 또 다른 방법으로 '향'이 뜨고 있다. 불을 붙여 향을 내는 '인센스'에 대한 언급은 최근 3년 8개월 동안 8.6배나 증가했다. 어제나 오늘이나 다를 바 없는 침실도 새로운 향이 입혀지면 요가나 명상 공간 같은 새로운 느낌을 준다. 아침에 눈을 떠 커피 한잔에 인센스를 피우고 창밖을 바라보며 하루의 시작점을 찍고, 퇴근해서 씻은 후 인센스를 피우고 좋아하는 콘텐츠를 즐기며 오늘의 기분을 정리한다.

향은 시간의 전환점이 될 뿐 아니라 방마다 다른 향을 비치함으로써 같은 집에서도 숲 속, 바다, 하늘 등 다른 공간의 느낌을 자아낼 수 있다. 사실 향기야말로 가장 가볍고 이동성 좋은 공간 전환 아이템이다. 교보문고향 디퓨저와 룸스프레이는 맡는 순간 교보문고에 들어선 그 느낌을 재현하며 책을 읽고 싶은 욕구마저 자극한다. 평소 베개에 뿌리는 에센셜 오일만 있으면 낯선 여행지 호텔에서도 편안함을 느끼며 잠들 수 있다.

이처럼 눈에 보이는 것뿐 아니라 향까지 집을 완성형 공간으로 만드는 데 일조한다. 향은 사진으로 찍을 수 없지만 향을 담은 유리병과 인센스 홀더 등의 패키지는 눈에 보이는 인테리어 요소가 돼 사진으로 찍힌다. 심지어 그 향을 아는 이들은 사진에서 향을 떠올리기도 하니 향은 앞으로 더 진화할 것이고, 대중화된 향보다는 나만의 향을 찾기 위해 더 니치한 영역으로 이동하게 될 것이다.

"아침에 일어나서 좋아하는 음악이나 FM 클래식 틀어놓고 인센스 향 켜고 커피콩 가는 리추얼이 정말 좋다."
"입욕제로 반신욕을 하고 나와 냉장고로 가니 맥주 캔이 남아 있더라. 새로 산 샌달우드 인센스를 켜고 꿀떡꿀떡 맥주 거품을 들이키니 회사에서의 스트레스는 사라지고 제법 나쁘지 않은 여름밤을 보내고 있는 기분이다."

휴식에 잠을 빼놓을 수 없다. 최근 수면이 적극적 휴식의 영역으

〈'인센스' 언급 추이〉

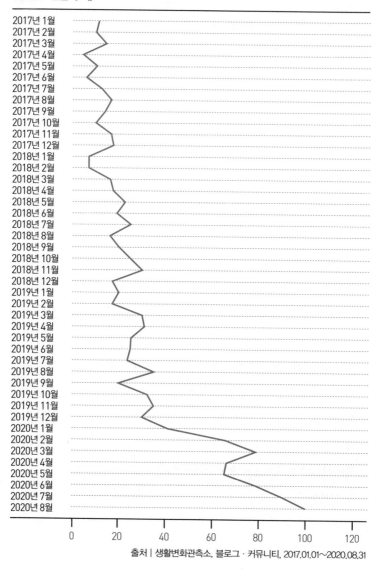

2017년 1월
2017년 2월
2017년 3월
2017년 4월
2017년 5월
2017년 6월
2017년 7월
2017년 8월
2017년 9월
2017년 10월
2017년 11월
2017년 12월
2018년 1월
2018년 2월
2018년 3월
2018년 4월
2018년 5월
2018년 6월
2018년 7월
2018년 8월
2018년 9월
2018년 10월
2018년 11월
2018년 12월
2019년 1월
2019년 2월
2019년 3월
2019년 4월
2019년 5월
2019년 6월
2019년 7월
2019년 8월
2019년 9월
2019년 10월
2019년 11월
2019년 12월
2020년 1월
2020년 2월
2020년 3월
2020년 4월
2020년 5월
2020년 6월
2020년 7월
2020년 8월

0   20   40   60   80   100   120

출처 | 생활변화관측소, 블로그 · 커뮤니티, 2017.01.01~2020.08.31

로 들어오고 있다는 점에 주목하자. 인간의 기대수명을 80세로 보았을 때 잠자는 시간은 26년이라 한다. 수면은 인생의 3분의 1을 차지할 만큼 매우 중요한 일과이지만, 스트레스 때문에 불면증에 시달리기도 하고, 잠들기 직전까지 휴대폰을 붙들고 있는 통에 숙면은 점점 어렵고 힘든 과제가 되고 있다. 수면부족은 하룻밤 적게 잔 것에 그치지 않고 다음 날의 부채로 쌓인다. 2016년 기준 한국인의 평균 수면시간은 OECD 평균보다 41분 짧은 7시간 41분이었고, 직장인들은 그보다 1시간 30분 이상 더 적은 6시간 6분으로 나타났다.

수면부족에 빠진 대한민국은 잠의 퀄리티를 추구하기 시작했다. 잘 자기 위한 최적의 방법을 찾아 새로운 베개, 매트리스, 조명, 향기 등을 침실로 들여온다. 수면 관련용품의 저변이 넓어지고 용도에 따라 구체화되고 있다. 토퍼와 매트리스를 따로 사고, 베개와 필로우를 구분한다. 숙면을 돕는 커튼, 가습기, 공기청정기에 감기약 테라플루 나이트까지 수면템 영역으로 진입했다. 수면의 퀄리티를 위해서는 돈을 아끼지 않는다. 특히 두께, 소재, 딱딱함, 환경호르몬 등 천차만별인 개인의 체형과 기준에 딱 맞는 제품을 찾기 어려운 베개와 매트리스의 경우, 저렴이부터 고가품까지 이것저것 체험해보며 '베개 유목민', '매트리스 유목민'의 삶을 자처한다.

"제가 바로 그 베개 유목민입니다. 완전 민감해서 베개 조금만 안 맞아도 잠을 이루지 못하고 다음날 아침 죽음 같은 고통을 느끼지요.

네… 그래서 오늘은 영혼이 없었답니다."

휴식의 집에서 마지막으로 다룰 이야기는 '반려식물'이다. 2017
년 즈음부터 식물(plant)로 하는 인테리어(interior)를 의미하는 플
랜테리어가 주목받기 시작했다.

플랜테리어는 일반 가정집뿐 아니라 카페, 음식점, 쇼핑매장 등
에서 폭넓게 적용되었다. 미니멀 또는 북유럽 인테리어의 포인트
요소로서 미적으로 아름답고 심적으로도 생기와 감성을 더해 편안
한 공간을 연출해준다. 그러나 플랜테리어는 말 그대로 인테리어의
영역이어서, 식물이 주인공이 아니라 공간과 그 공간에서 팔리는
제품을 돋보이게 하는 보조수단일 뿐이었다.

그러던 식물의 존재감이 코로나를 계기로 새롭게 부각되고 있다.
실내에 머무는 시간이 급격히 늘고 외부 활동이 불가능해지면서
자연을 접하기 위해, 그리고 쾌적한 공기와 분위기 전환을 위해 반
려식물을 집에 들이고 있다. 소셜 빅데이터에서는 2020년 1월을 기
점으로 반려가족으로서의 식물이 인테리어로서의 식물을 역전했
다. 윤리적이고 책임감 있는 소비를 하는 밀레니얼과 Z세대에게 식
물은 집이라는 공간에 함께 살아가는 존재로서 매우 합리적인 파
트너다. 조금씩 자라나는 식물과 매주 달라지는 화병의 꽃들은 변
화 없는 지겨운 공간에 존재만으로도 코로나 블루(우울감)를 위로
해준다. 사람들은 기꺼이 반려식물의 집사가 되어 새로 들인 화분
을 인증하고, 그들의 성장을 '#식물일기'로 남긴다. 의사표현을 하

〈'플랜테리어' vs. '반려식물' 언급 추이〉

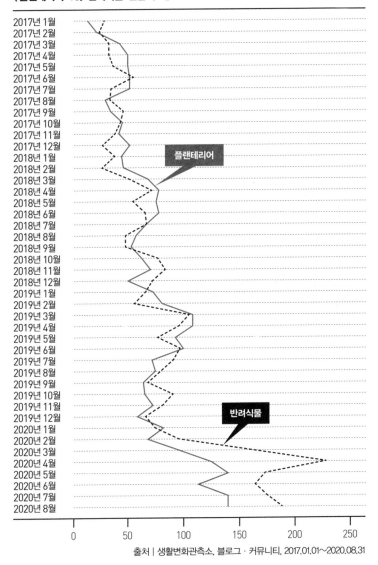

2017년 1월	
2017년 2월	
2017년 3월	
2017년 4월	
2017년 5월	
2017년 6월	
2017년 7월	
2017년 8월	
2017년 9월	
2017년 10월	
2017년 11월	
2017년 12월	
2018년 1월	플랜테리어
2018년 2월	
2018년 3월	
2018년 4월	
2018년 5월	
2018년 6월	
2018년 7월	
2018년 8월	
2018년 9월	
2018년 10월	
2018년 11월	
2018년 12월	
2019년 1월	
2019년 2월	
2019년 3월	
2019년 4월	
2019년 5월	
2019년 6월	
2019년 7월	
2019년 8월	
2019년 9월	
2019년 10월	
2019년 11월	반려식물
2019년 12월	
2020년 1월	
2020년 2월	
2020년 3월	
2020년 4월	
2020년 5월	
2020년 6월	
2020년 7월	
2020년 8월	

0   50   100   150   200   250

출처 | 생활변화관측소, 블로그 · 커뮤니티, 2017.01.01~2020.08.31

지 못하는 반려식물이 시들면 급한 대로 인스타그램 전문가에게 문의해 식물처방전을 받기도 한다. 휴식의 집에서 식물의 존재는 단순히 실내를 장식하는 오브제가 아니라 또 다른 생명에게 위로 받고 그 생명의 건강을 지켜내기 위해 노력하는 동반자다.

"내 반려식물들… 너무 귀엽고 예쁘고 힐링이당… 햇빛 들어올 때 색
감 미쳤음"
"집 안에 생명체가 있다는 건 즐겁고 힐링이 되는 기분입니다. 우리집
반려식물을 소개합니다~"

놀이의 집 : #제대로의 기능

집에서 가장 각광받는 놀이는 콘텐츠 즐기기다.

유튜브, 넷플릭스 등 동영상 콘텐츠 서비스는 지난 몇 년간 이미 가파르게 성장하고 있었다. 여기에 코로나를 기점으로 그 어떤 관심사보다 파워풀한 추진력을 갖게 되었고, 코로나가 일상이 된 시점에도 불씨가 수그러들지 않고 더 타오르고 있다.

코로나로 거실 TV는 아이의 EBS 시청, 엄마의 홈쇼핑 시청, 아빠의 드라마 시청 등으로 바쁘다. 아쉬운 대로 스마트폰으로 보지만, 좋아하는 콘텐츠를 제대로 즐기기에는 부족하다. 좀 더 큰 화면이 필요하다. '코로나 때문에 어쩔 수 없이' 인터넷 강의나 노트용 혹

은 드로잉용 아이패드를 구매하지만 이는 부모님 설득 혹은 자기 설득을 위한 명분일 가능성이 크다. 막상 사고 나면 '유튜브 기계', '넷플릭스 기계'라 명명될 정도로 동영상 전용 디바이스가 된다.

"거실은 점령당했고 내 방용 TV가 필요한데 TV는 볼 게 없어서 당근 마켓으로 넷플릭스용 아이패드 결국 샀거든!! 노트북은 침대서 쓰기 귀찮으니께~ 올해 지름 중 가장 만족! 신나서 넷플릭스랑 유튜브 실컷 보고 그림도 그리고 웹툰도 엄청 봤다. 아이패드 거치대 사서 본격적으로 침대에 누워서 봐야지!"
"아이패드 구매 전: 이거로 PDF파일도 보고 동영상 강의도 보고 노트도 하고!!! 아이패드 구매 후: 100만 원짜리 유튜브/넷플릭스 기계 그래… 나는 코로나를 핑계로 지른 것일 뿐이다…"

그러나 사람들은 단순히 콘텐츠를 소비하는 데 머물지 않는다. 코로나와 함께하는 일상에서 텍스트 콘텐츠의 소비와 생산이 동시에 늘고 있다. 책은 생산적 여가의 상징이다. 코로나가 시작된 이래 8개월간 '생산적'이라는 단어와 함께 가장 많이 언급된 키워드는 단연 '책'이다. '공부', '운동' 등도 뒤를 잇지만 '독서'와 '기록' 등 텍스트 중심의 행위가 독보적이다.

텍스트는 영상보다 더 많은 집중력이 필요하고 진득하게 오랜 시간을 투자해야 한다. 책을 읽고 싶은 마음이 있었지만 바빠서 혹은 다른 여가에 밀려 유예되었다면 지금이야말로 책과 함께 잉여의 시간을 채울 기회다. 독서에 취미가 없던 사람이라도 집에서 무의미하게 지내다 보면 뭐라도 해야겠다는 의지가 생긴다. 사회적 거리 두기 시대에 책을 통해 타인의 마음과 간접적으로나마 접촉할 수 있다는 점도 좋다.

소셜 빅데이터 상에 '독서'에 대한 언급이 조금씩 증가하고 있었고 코로나로 좀 더 가속화되었다면, '글쓰기'는 2020년 1월을 기점으로 가파른 상승세를 보이고 있다. 코로나가 예상보다 장기화되면서 무의미하게 흘러가는 시간에 나만의 창작물, 즉 의미 있는 무언가를 만들고자 하는 니즈가 생겨나고 있다. 앞서 말했듯이 어쩔 수 없이 시작한 집밥 요리에도 사람들은 내 레시피를 만들기 위해 타인의 레시피를 변형하며 동기부여하지 않던가. 사람들은 글을 쓰면서 미처 몰랐던 자신을 발견하기도 하고 놓치고 있던 소소한 행복을 재발견하기도 한다. 하루의 일상이나 생각을 글로 표현하는 것은 자신을 알아가는 것은 물론 코로나가 몰고 온 심리적 불안감을 극복하는 루틴이 되고 있다.

> "코로나로 인해 집에 갇혀서 뭐하니 싫고 답답하다. 집에서 회사일 말고 완전 다른 일을 해보라는 신호인데 당장 돈 될지 어떨진 모르고 그냥 재밌게 지속적으로 할 수 있는 생산적인 일을 하기로 결심했다. 소설 에세이 뭐든 글쓰기로 시작해보겠다. #100일글쓰기챌린지"

콘텐츠 활동 외에도 취미를 집 공간에 녹여내는 행위는 전체적으

〈코로나19 시기 '생산적' 연관어 순위〉

순위	연관어	언급비중
1	책	13.9%
2	공부	8.4%
3	인생	7.9%
4	목표	7.3%
5	일상	6.2%
6	아침	6.0%
7	운동	5.0%
8	의미	4.9%
9	습관	4.6%
10	계획	4.2%
11	가치	4.1%
12	취미	3.6%
13	변화	3.4%
14	독서	3.3%
15	유튜브	3.2%
16	노력	2.6%
17	새벽	1.9%
18	지식	1.8%
19	동기	1.6%
20	기록	1.5%
21	저녁	1.3%
22	주말	1.3%
23	도전	1.1%
24	넷플릭스	1.0%
25	자기계발	1.0%

출처 | 생활변화관측소, 블로그 · 커뮤니티, 2020.01.01~2020.08.31

시공간의 변화

〈'집+글쓰기' 언급 추이〉

2017년 1월
2017년 2월
2017년 3월
2017년 4월
2017년 5월
2017년 6월
2017년 7월
2017년 8월
2017년 9월
2017년 10월
2017년 11월
2017년 12월
2018년 1월
2018년 2월
2018년 3월
2018년 4월
2018년 5월
2018년 6월
2018년 7월
2018년 8월
2018년 9월
2018년 10월
2018년 11월
2018년 12월
2019년 1월
2019년 2월
2019년 3월
2019년 4월
2019년 5월
2019년 6월
2019년 7월
2019년 8월
2019년 9월
2019년 10월
2019년 11월
2019년 12월
2020년 1월
2020년 2월
2020년 3월
2020년 4월
2020년 5월
2020년 6월
2020년 7월
2020년 8월

0   50   100   150   200   250   300   350   400   450

출처 | 생활변화관측소, 블로그 · 커뮤니티, 2017.01.01〜2020.08.31

로 증가하고 있다. 집밖에서 접한 놀이방법과 제품을 집으로 가지고 들어온다. 블루투스 마이크를 통해 노래방을 집으로 들여오고, 홈바와 다양한 칵테일 재료를 구비해 칵테일 바를 집에 차린다. 물론 코로나 이전에도 홈스타일링, 홈베이킹 등 집에서 행해진 취미는 있었다. 그러나 코로나를 계기로 이들 취미는 앞으로 더 빠르고 다양하게 집으로 들어올 것이다.

집으로 들어온 취미영역은 어떤 변화를 보이게 될까? 집으로 들어온 대표적인 취미 '홈카페'의 변화를 통해 살펴보자.

96쪽 도표에 나타나듯이 태동 무렵인 2010년의 홈카페는 사진에 찍힐 '커피'와 '소품'만 존재할 뿐 정작 홈카페의 무대인 '집'은 관심 밖이었다. 2015년의 홈카페는 원두와 우유 등 다양한 제품을 만들어보며 카페 인테리어 분위기를 내기 시작했다. 2020년의 홈카페는 제대로 된 레시피로 제대로 맛을 완성하는 등 커피전문점의 기능을 제대로 구현하고 있다. 이를 위해 카페에서 사용할 법한 고가의 커피머신을 들이는 것도 마다하지 않는다. 물론 기능이 중요해졌다고 해서 예쁨의 중요성이 떨어졌다는 뜻은 아니다. 인테리어 역할은 기본이고, 전문적인 카페의 기능이 그 위에 얹어진 것이다.

홈카페의 장면에서 컵과 커피머신이 상징이듯이, 홈서점, 홈PC방, 홈텐딩(홈바텐딩) 등 내 취미를 녹여내는 공간에는 상징이 되는 물건이 존재한다. 핵심적인 상징(시그니처)을 집에 들이는 것으로 공간이 완성된 듯한 효과를 낸다. 홈PC방에 적당한 수준의 게임용 모니터, 헤드폰, 키보드, 마우스, 게이밍 의자, 음료용 냉장고 등을

〈'홈카페' 연관어 순위〉

	2010년		2015년		2020년(~8월)
1	카페	1	커피	1	커피
2	요리	2	카페	2	집
3	**커피**	3	집	3	카페
4	소품	4	**원두**	4	**맛**
5	**사진**	5	우유	5	우유
6	**사진촬영**	6	**에스프레소**	6	**컵**
7	**스타일링**	7	즐기다	7	**만들다**
8	소품샵	8	맛	8	인테리어
9	즐기다	9	만들다	9	원두
10	만들다	10	**인테리어**	10	라떼
11	원두	11	**분위기**	11	일상
12	레시피	12	아메리카노	12	**커피머신**
13	메뉴	13	향	13	즐기다
14	먹다	14	아이스	14	아이스
15	맛있는 커피	15	커피머신	15	분위기
16	초대하다	16	음료	16	**완성**
17	예쁜 그릇	17	마시다	17	**디저트**
18	주말	18	**주방**	18	아메리카노
19	날씨	19	라떼	19	에스프레소
20	원두커피	20	공간	20	**레시피**

출처 | 생활변화관측소, 블로그, 2010.01.01~2020.08.31

들여놓았다면 홈PC방 인테리어의 구색은 맞춘 셈이다. 여기에 더해 실제 팬이 무지갯빛을 내는 PC 본체와 경쾌한 타자음을 내는 기계식 키보드, 좌우측에서 LED 빛을 뿜는 헤드셋, 200만 원대의 허먼 밀러 게이밍 의자까지 구비된 공간은 아빠와 아들 혹은 부부에게 PC방 이상의 기능을 구현하는 완벽한 공간이 된다.

이렇듯 완성형 기능을 원하는 소비자들에게 제품은 어떻게 보여야 할까? 훌륭한 기능을 설명하는 마케팅보다는 전문적으로 활용되는 공간, 혹은 전문가가 사용하는 상황을 보여주는 것이 효과적일 것이다.

지금까지 코로나 이후 집의 변화를 살펴보았다. 집의 기능을 3가지로 구분했지만, 의무와 취미의 경계가 사라진 영역도 있다. 집을 청소하고 정리하는 과정에서 의외의 즐거움을 찾아 정리의 달인이 되고, 집밥이 보람과 재미가 되어 홈베이킹, 홈방앗간으로 이어지기도 한다.

의무의 행위는 빨리 해결해버리려 하지만 취미가 된 행위는 즐겁게 돈을 쓰고 시간을 보낸다. 의무의 영역도 놀이가 될 수 있다면 누군가에게는 새로운 기회가 될 것이다.

우리 제품이 집에 어떤 역할로 들어갈지 결정하자

하나의 제품이나 서비스가 집에서 행해지는 모든 역할을 충족할 수는 없다. 의무의 집, 휴식의 집, 놀이의 집 중 어떤 역할과 연결되어야 할지 선택하자.

귀찮은 일에 소모되는 시간과 에너지를 절약해주자

귀찮고 힘든 집안일을 해결할 때 우선순위는 '전문성'보다는 '나를 대신해줄 무언가'다.

즐거움엔 끝이 없다. 고퀄과 끝판왕을 추구하라

의무의 일에는 시간과 에너지를 아끼지만 내가 좋아서 하는 일에는 시간과 돈을 아끼지 않는다. 이들에게 기능적 고퀄리티와 취향의 끝판왕을 제시하라.

의무의 영역을 놀이의 영역으로 데려가라

의무적인 일이라도 쉽고 그럴듯한 결과를 맛보는 즐거움이 있다면 소비자의 지갑은 열릴 것이다. 시간과 에너지가 절약되는 기능적 만족이 아니라 그저 '장비빨' 컬렉션에 그칠지라도, 소비의 결과가 예쁘다면 놀이가 될 수 있다.

시공간을 분리해주는 전환의 아이템을 제시하라

집이라는 한정된 공간에서 여러 역할이 동시에 수행될수록 사람들은 '나만의 시공간'을 원하게 된다. 시간의 경계를 정해주는 타이머, 공간의 경계를 만들어주는 리클라이너와 이어폰, 새로운 공간처럼 느끼게 해주는 향과 식물처럼 사람들에게 '적극적 휴식'을 위한 시공간을 만들어주자.

기능이 중요하다고 예쁘지 않아도 되는 것은 아니다

전문성과 기능성이 중요해져도 기본적으로 예뻐야 한다는 것을 잊지 말자. 우리 제품은 전문매장, 전문가의 공간에서 인테리어 완성도를 높여주는 오브제로도 손색없어야 한다.

Chapter 3

도시에 스민 색깔,
당신만의 로컬리티

─── 구지원 ───

당신이 사는 지역은 어떤 느낌인가?
당신의 브랜드는 어느 도시와 어울리는가?
당신이 사는 곳에는 어떤 심상이 있는가?
우리 지역만의 이미지,
우리 브랜드만의 로컬리티가 필요하다.

해외여행을 앞지른 국내여행

꽤 오랫동안 소셜 빅데이터 상에서 대한민국 사람들의 최대 관심사는 행복도 아니요, 건강도 아니요, 바로 '여행'이었다. 그러나 2020년, 여가 카테고리 부동의 1위였던 여행이 처음으로 2위로 떨어졌다.

재미있는 것은 2, 3위였던 '맛집', '카페' 등이 1위로 올라온 것이 아니라 줄곧 10위였던 '쇼핑'이 치고 올라왔다는 사실이다. 코로나 시국에 맛집, 카페에 간 것을 SNS에 인증하는 것은 눈치 보이지만, 나의 지름을 올리는 것은 전혀 죄책감 가질 일이 아니기 때문이다. 데이터의 변화를 해석하는 중요한 심리적 변수 중 하나는 바로 '죄책감'이다. 여행사진을 SNS에 올려 자랑하는 것이 여행의 주요 목적이었던 사람들은 SNS에 떳떳이 올리지 못할 바에야 계획된 여행을 취소하는 쪽을 택한다.

실제로 소셜 데이터에서 2020년 7월 한 달 동안 '여름휴가' 및 '바캉스'에 대한 언급량은 2017년 7월 대비 무려 48%가량 감소했

〈'국내여행' vs. '해외여행' 언급 추이〉

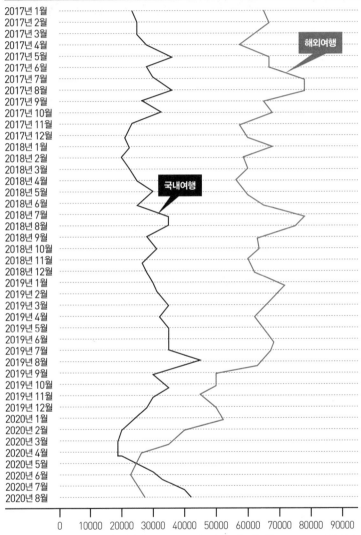

2017년 1월
2017년 2월
2017년 3월
2017년 4월
2017년 5월
2017년 6월
2017년 7월
2017년 8월
2017년 9월
2017년 10월
2017년 11월
2017년 12월
2018년 1월
2018년 2월
2018년 3월
2018년 4월
2018년 5월
2018년 6월
2018년 7월
2018년 8월
2018년 9월
2018년 10월
2018년 11월
2018년 12월
2019년 1월
2019년 2월
2019년 3월
2019년 4월
2019년 5월
2019년 6월
2019년 7월
2019년 8월
2019년 9월
2019년 10월
2019년 11월
2019년 12월
2020년 1월
2020년 2월
2020년 3월
2020년 4월
2020년 5월
2020년 6월
2020년 7월
2020년 8월

해외여행

국내여행

0 10000 20000 30000 40000 50000 60000 70000 80000 90000

출처 | 생활변화관측소, 블로그 · 커뮤니티 · 인스타그램, 2017.01.01~2020.08.31

〈2019년 vs. 2020년 '여름휴가' 연관어 순위〉

2019년		2020년	
1	여행	1	여행
2	가족	2	가족
3	바다	3	바다
4	가족여행	4	일상
5	물놀이	5	**제주도**
6	여행스타그램	6	날씨
7	네일	7	물놀이
8	날씨	8	**코로나**
9	**제주도**	9	가족여행
10	수영장	10	여행스타그램
11	원피스	11	맛집
12	**해외**	12	펜션
13	패션	13	**부산**
14	호텔	14	수영장
15	방학	15	**강원도**
16	리조트	16	원피스
17	**부산**	17	캠핑
18	계획	18	호텔
19	일상	19	호캉스
20	바캉스룩	20	계획
21	코디	21	계곡
22	신상	22	힐링
23	준비	23	카페
24	펜션	24	풀빌라
25	**강원도**	25	네일
26	호캉스	26	코디
27	**해외여행**	27	장마
28	바캉스	28	준비
29	비키니	29	방학
30	**휴양지**	30	**국내여행**

출처 | 생활변화관측소, 인스타그램, 2019.01.01~2020.08.31

다. 사람들이 유독 이전보다 여름휴가에 대해 '덜' 말했다는 것이다. 단순히 여름휴가에 대한 관심이 줄었을 뿐만이 아니다. 여름휴가의 장면도 완전히 바뀌었다. 단적으로 2019년과 2020년 '여름휴가' 연관어를 살펴보면 그 차이는 더욱 명확해진다.

매년 여름 휴가철이면 공항은 해외로 떠나는 여행객들로 북새통을 이루었다. 그러나 2020년은 국내여행이 해외여행을 앞지르는 유례없는 상황이 발생했고, 여름휴가 장소도 해외, 리조트, 휴양지가 아니라 가족들과 안전하게 보낼 수 있는 국내 캠핑장과 풀빌라로 대체되었다. 자연스레 제주도, 부산, 강원도 등 국내여행지에 대한 관심이 높아졌는데, 그중에서도 해외로 갈 수 없게 된 이들이 가장 많이 찾은 곳은 단연 '제주도'였다.

제주도의 감성, 푸른 밤

"떠나요 둘이서 모든 걸 훌훌 버리고/ 제주도 푸른 밤 그 별 아래/ 이제는 더 이상 얽매이긴 우린 싫어요/ 신문에 TV에 월급봉투에/ 아파트 담벼락보다는 바달 볼 수 있는 창문이 좋아요 (…) 신혼부부 밀려와 똑같은 사진 찍기 구경하며/ 정말로 그대가 재미없다 느껴진다면/ 떠나요 제주도 푸르메가 살고 있는 곳."
- 〈제주도의 푸른 밤〉(최성원, 1988)

시공간의 변화

〈'제주' 연관 '색깔' 언급 순위〉

순위	연관 색깔
1	푸른
2	에메랄드
3	바다색
4	초록
5	블루
6	검정
7	노란색
8	하늘색
9	화이트
10	초록빛
11	골드
12	연두
13	빨강
14	주황색
15	핑크색
	(…)
20	쑥색
21	탠저린
26	그리너리

출처 | 생활변화관측소, 인스타그램,
2017.01.01~2020.08.31

"떠나요 둘이서~" 하면 자동으로 귓가에 재생되는 대한민국 대표 여행 노래 〈제주도의 푸른 밤〉에는 이런 가사가 있다. "신혼부부 밀려와 똑같은 사진 찍기 구경하며~." 불과 1년 전까지만 해도 이 가사를 듣고 '누가 신혼여행을 제주도로 가?'라는 생각을 했을지도 모르겠다. 그러나 이 노래가 발매된 1988년으로부터 30여 년이 지난 지금, 신문과 TV보다 유튜브를 보고 월급봉투는 자취를 감춘 지 오래지만, 다시 신혼부부들이 제주도로 몰려오고 있다. 왜 하고 많은 국내여행지 중 하필 제주도일까? 우리는 그 답을 바로 이 노래의 제목에서 찾을 수 있다.

제주도의 푸른 밤. 이 노래는 30여년 동안 우리 머릿속에 하나의 뚜렷한 심상(心象)을 심어주었다. 바로 제주도는 '푸르다'는 것이다. 실제 소셜 데이터에 '제주도'와 관련해 가장 많이 언급된 색 표현은 '푸른'이다. 무의식적으로 우리는 제주도와 푸른 바다를 동시에 연상하도록 학습되었다. 반짝이는 푸른 바다와 초록색 야자수로 대변되는 제주도의 시각적 심상은 강력하다. 우리는 제주도를 구성하는 이미지를 머릿속에 쉽게 떠올릴 수 있으며, 지금 제주도에 있지 않더라도 언제 어디서나 제주도의 감성을 찾고 느낄 수 있다. 심지어 서울 명동 한복판에 있는 화장품 매장에서도 말이다.

> "오전에 너무 무료해서 친구랑 명동 감. 이니스프리 까페 가서 새로운 음료를 시켜보았다. 어쩜 음료들이 이리 예쁠까… 명동에서 제주 감성 느끼고 싶다면 추천!!"
> "기차역 바로 앞 쨍하게 내리는 햇빛 받고 있는 오렌지과 미니나무라니… 넘 탐스럽고 평화롭고 어쩐지 제주 감성"

이는 어떤 사물이나 풍경을 보고 '인천스럽다', '강릉스럽다'고 말하지 않지만 '제주스럽다'는 표현은 가능한 이유이기도 하다. 제주도는 시각적 심상 외에도 후각, 청각, 촉각 등 다양한 심상을 가지고 있다. 짠 바다 내음 사이로 맡아지는 싱그러운 감귤 향, 바람소리와 조화를 이루는 잔잔한 파도소리, 현무암의 거친 표면을 쓸고 지나가는 물결의 청량함 같은 것들 말이다. 이와 같은 감각적 심상들은 제주도만의 감성을 만들며, 제주의 로컬리티를 강화한다.

과거 신혼여행지의 메카였던 제주도는 1989년 해외여행 전면자유화 이후 몰디브, 발리, 하와이 등 이국 휴양지에 밀려 신혼여행지로서의 매력을 잃고 커플, 가족과 짧게 가는 휴가지 혹은 도시의 소음에서 벗어나 한 달 살이하기 좋은 국내여행지로 인식되었다. 그러다 해외여행이 어려워진 지금, 신혼부부들이 앞다투어 제주도로 몰리고 있는 까닭은 단순히 국내에서 가장 인기 있는 여행지이기 때문만은 아닐 것이다. 바로 제주도가 대한민국에서 가장 이국적이자 로컬의 정취를 가진 곳이기 때문이다. 실제로 소셜 데이터 상에 '로컬'의 연관어로 나타나는 국내여행지는 제주도가 유일하다. 공항에 내리자마자 반겨주는 야자수와 기차나 버스가 아닌 비행기를 타고 가야 하는 지리적 특성은 제주도의 이국적 감성을 강화한다. 제주도의 대자연이 선사하는 특유의 자연친화적이고 서정적인 느낌과 더불어 낭만적인 분위기는 여타 국내여행지가 쉽게 흉내 낼 수 없는 독보적인 제주만의 감성이 된다. 코로나 이전까지 언급량이 꾸준히 줄어들던 제주도가 신혼여행지로 다시 떠오를 수 있었던 것은 제주도가 풍부한 로컬 콘텐츠를 바탕으로 자신만의 심상을 구축했고, 사람들이 오랜 시간에 걸쳐 이러한 심상을 진화시켜 왔기에 가능했다.

서울의 감각, 하얀 달

제주도에 푸른 밤이 있다면 서울에는 〈서울의 달〉이 있다. 제주를 대표하는 색이 푸른 바다색이라면 서울의 색은 화이트, 블랙, 그

〈'로컬' 연관어 순위〉

순위	연관어	언급량
1	로컬푸드	160,444
2	맛집	118,769
3	식당	42,680
4	여행	36,164
5	음식	29,975
6	**제주**	**18,986**
7	맥주	13,778
8	느낌	12,612
9	카페	11,824
10	시장	10,923
11	베트남	9,950
12	브랜드	9,927
13	음식점	9,788
14	분위기	9,415
15	한국	9,171
16	지역	8,799
17	마켓	7,956
18	레스토랑	7,880
19	태국	7,036
20	현지인	6,655

출처 | 생활변화관측소, 블로그 · 커뮤니티 · 인스타그램, 2017.01.01~2020.08.31

〈'서울' 연관 '색깔' 언급 순위〉

순위	연관 색깔
1	화이트
2	블랙
3	그레이
4	블루
5	골드
6	초록
7	파란색
8	검정
9	브라운
10	노랑
11	남색
12	세레니티
13	원색
14	연두
15	보라
	(…)
20	잿빛
21	모노톤
30	네온컬러

출처 | 생활변화관측소, 인스타그램,
2017.01.01~2020.08.31

레이 등 무채색이다. 회색도시라는 별명이 무색하지 않게 '잿빛', '모노톤' 등 일반적인 색 표현에서는 잘 나타나지 않는 단어들도 볼 수 있다. 하지만 무채색 사이로 네온컬러, 세레니티와 같은 독특한 컬러도 눈에 띈다. 무채색을 배경 삼아 더욱 강렬하게 존재감을 발하는 네온과 트렌디함을 대표하는 세레니티. 이렇듯 서울을 지배하는 심상은 낮보다는 까만 밤을 수놓는 빌딩들의 불빛이다. 다른 지역이 쉽게 따라할 수 없는 유행의 최첨단이다.

"아 여기 서울감성… #모두 #화이트 # 감성감성"

"모처럼 올라온 서울의 거리는 세기말 같다. 사람으로 가득하지만 사람이 불편한 도시. 올 봄 쿠바에서 막 돌아왔을 때 나는 서울 도시의 풍경에 놀랐다. 어떻게 자동차의 색이 검정과 흰색뿐일까! 그 전에는 당연했던 풍경이 너무도 기묘하게 보였다."

제주의 감성과 비교해보면 서울의 감성은 더욱 뚜렷해진다. 제주의 이미지가 단아하고 평온하다면 서울은 파격적이고 섹시하다. '섹시하다'가 성적 매력이 있는 사람에게 주로 사용되는 표현임을 감안하면 서울이라는 도시의 이미지에 어떤 특성이 있는지 쉽게 이해할 수 있을 것이다.

"아이폰은 아기자기한 유럽 감성이라면 삼성은 세련되고 섹시한 서울 느낌임"

제주는 감성적이고 서울은 감각적이다. '세계적', '혁신적', '파격적', '대세'와 같이 서울을 표현하는 키워드는 모두 빠른 속도감을 내포한다. 이러한 서울의 이미지를 활용한 대표적인 예로 아모레퍼시픽의 화장품 브랜드 '헤라'를 들 수 있다. 배우 전지현 씨를 내세운 2016년 광고에서 헤라는 서울의 라이프스타일을 즐기며 자신만의 매력을 드러내는 여성상을 '서울리스타'(Seoulista)라 명명했다. 프랑스의 파리지엔느(Parisienne), 미국의 뉴요커(Newyorker)를 떠올리게 하는 이 이름은 "언제 어디서나 당당한 자신감과 아름다움을 향한 끝없는 열정으로 전 세계를 사로잡고 있는 한국 여성"을 상징한다.[1]

그런가 하면 글로벌 패션 시장에서 활발히 활동하고 있는 디자

1) "(히든스토리) 한국 여성의 아름다움, '서울리스타'로 피어나다", 제일기획 블로그 Connec+, 2016.11.17.

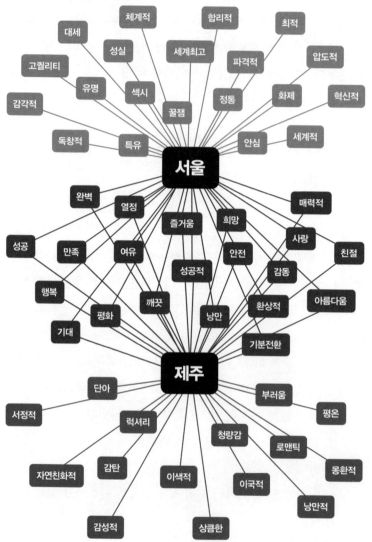

〈'서울' vs. '제주' 연관 감성어〉

체계적 · 합리적 · 최적 · 대세 · 성실 · 세계최고 · 파격적 · 압도적 · 고퀄리티 · 유명 · 섹시 · 정통 · 화제 · 혁신적 · 감각적 · 꿀잼 · 독창적 · 특유 · 안심 · 세계적

서울

완벽 · 열정 · 즐거움 · 희망 · 매력적 · 성공 · 만족 · 여유 · 안전 · 사랑 · 친절 · 행복 · 성공적 · 감동 · 평화 · 깨끗 · 낭만 · 환상적 · 아름다움 · 기대 · 기분전환

제주

단아 · 부러움 · 서정적 · 럭셔리 · 평온 · 청량감 · 로맨틱 · 자연친화적 · 감탄 · 이색적 · 이국적 · 몽환적 · 감성적 · 싱클한 · 낭만적

출처 | 생활변화관측소, 인스타그램, 2017.01.01~2020.08.31

이너 브랜드 '준지'는 2020년 7월, 온라인으로 진행된 디지털 파리 패션위크에서 'SEOULSOUL'을 주제로 2021S/S 컬렉션을 발표했다. 영상 속 모델은 한강, 시청, 북촌한옥마을, 남대문 등 서울을 대표하는 10곳을 런웨이 삼아 걸으며 도시적이면서도 옛 감성이 혼재돼 있는 서울의 매력을 보여준다.

헤라와 준지 두 브랜드가 공통적으로 차용하고 있는 서울의 속성은 과거와 미래의 공존, 그리고 글로벌을 무대로 활동하면서도 특유의 로컬리티(자기다움)를 잃지 않는 당당함이다. 이러한 서울의 양면성은 브랜드를 입체적이고도 매력적으로 보이게 한다. 그리고 그 이면에는 서울이라는 도시가 가진 배타성이 있다. 브랜드가 보여주고 싶은 이미지는 옆집 언니나 오빠 같은 친숙함이 아니라 트렌디하고 앞서가는 도시 사람이다. 따라 하고 싶어도 쉽게 따라 할 수 없는 이들의 스타일은 제품을 통해서라도 선망하는 대상에 다다르고자 하는 소비욕구를 자극한다.

이렇듯 서울의 감성은 대중적, 서민적 이미지와 거리가 멀다. 서울은 감도 높은 도시이며, 서울의 이미지는 '보통의' 서울 사람을 대표하지 않는다. 서민적이거나 소박하기보다는 세련되고 정갈하지만 어딘가 모르게 다가가기 어려운 느낌을 풍긴다. 다들 학창시절에 '교양 있는 사람들이 두루 쓰는 현대 서울말'이라는 표준어의 정의를 배웠을 것이다. 누구나 쉽게 의사소통하고자 만들었지만 배타성을 내포한 표준어의 정의와 지금 서울의 심상은 어쩐지 비슷한 구석이 있다. 이런 이유에서일까. 서울 사람들은 인지하지 못할

지라도 지방에 사는 사람들에게 서울이란 보편적이고 표준적이기 보다는 이질적이고 로컬성 짙은 지역으로 인식된다.

"우리 동네에 서울에 있을 법한 빵집이 생겨 눈뜨자마자 모자 쓰고 다녀왔다 서울느낌 좋아하는 #양양댁 효리언니 마음 너무 공감공감…"
"인싸 하기엔 조금 부족한 나. 바람막이만 걸치던 나에게 모던한 서울느낌의 인싸가 돼보라는 합리적인 조언을 듣고 패피룩으로 길을 나섰다."

지방에 사는 사람들에게 '서울 느낌'이라는 표현은 트렌디하고 남들보다 앞서가며 유행을 선도하는 것들 앞에 붙는다. 단순히 제품이나 공간뿐 아니라 가치관이나 행동에도 붙을 수 있다. 최근 SNS에서는 서울에만 있는 트렌디한 빵집에 가기 위해 KTX를 타고

'서울스럽다' 관련 이미지

당일치기 '빵지순례'를 다니는 지방러들의 이야기를 심심치 않게 찾아볼 수 있다. 그들에게 서울은 트렌드에 뒤처지지 않기 위해 일부러 찾아가야 하는 곳이다.

반면 서울에 사는 사람들이 느끼는 '서울스러움'은 다음과 같은 순간들이다. 지하철에서 스마트폰만 보다가 문득 시야가 밝아져 고개를 드니 한강이 보일 때, 퇴근 후 택시를 타고 집에 가는데 불 켜진 광화문의 빌딩들이 창밖으로 스쳐 지나갈 때, 남산타워나 경복궁과 같이 서울을 대표하는 상징물을 보았을 때 '서울스럽'고 느낀다. 이는 남들보다 앞서간다는 감각이라기보다는, 뒤처지지 않고 그 자리를 잘 지키고 있음을 확인했을 때 오는 안도감 그리고 씁쓸함에 더 가깝다.

"#한강위 #빠르게지나가는 #불빛이 #딱 #서울스럽다 #오늘도수고했어 #서울 #잠실대교 #야경 #일상 #보통날 #서울야경"

"#북악산로 언덕 야경. 십년 동안 퇴근길에 지나다니면서 바라본 경치. 내가 생각하는 가장 서울스러운 느낌이 좋은 그런 경치. 오늘따라 더 좋은."

"우리나라 속에서도 유독 단단한 요새, 성채 같은 서울, 그 속에서도 더 서울스러운 곳. 늘 ×××의 몇 배 크기, 하면 등장하는 대명사. 저곳은 정서적으로 닿을래야 닿기는 어려운 곳이었다. 그냥 가끔은 그립기도 하고 하지만 감히 갈 수는 없는 그런 동네."

이렇게 사뭇 다른 '서울스러움'에서 알 수 있듯이, 서울의 세련된 감성은 지방에 사는 사람들뿐 아니라 서울에 사는 사람들에게도 배타적일 때가 많다. 대한민국의 수도이자 1000만 시민이 살아가는 대도시이지만 서울의 감도는 대한민국은 물론 서울에 사는 대다수 사람들에게도 맞춰져 있지 않다. 서울에 살고 있는 많은 사람들은 단순 '거주자'가 아닌 '생존자'이기 때문이다. 인구통계에 따르면 서울에서 태어난 서울 인구는 35.9%에 불과하며, 3대째 서울에 살고 있는 '서울 토박이'는 4.9%뿐이다.[2] 잘살아보겠다는 꿈을 안고 서울로 이주해 하루하루 '생존'해나가는 사람들이 대다수라는 이야기다.

"아무래도 난 돌아가야겠어/ 이곳은 나에게 어울리지 않아/ 화려한 유혹 속에서 웃고 있지만/ 모든 것이 낯설기만 해"
– 〈서울, 이곳은〉(장철웅, 1993)

"서울살이는 조금은 힘들어서/ 집으로 가는 지하철/ 앞에 앉은 사람 쳐다보다가도/ 저 사람의 오늘의 땀/ 내 것보다도 짠맛일지 몰라/ 광화문 계단 위에 앉아서/ 지나가는 사람들 바라보면/ 사람들 수만큼의 우주가 떠다니고 있네"
– 〈서울살이는〉(오지은, 2013)

---

2) 2004년 서울시정개발연구원 조사

그래서일까, 20년의 간극에도 노랫말 속 서울살이는 여전히 힘들고 외롭고 낯선 것으로 묘사된다. 세련되고 당당한 서울의 이미지를 쫓아왔지만, 정작 그 이미지와 자신의 괴리감을 느끼고 만다.

'서울스러움'을 쉽게 정의하기 조심스러운 이유는 자칫하면 그것이 표준이 될 수 있기 때문이다. 언어만이 아니라 정책, 문화, 유행 등이 서울에서 만들어지고 표준화돼 전국으로 퍼져 나간다. 이 과정에서 서울의 '표준'에 들지 못한 사람들은 서울의 배타성을 느끼게 된다. 이렇게 보면 서울의 이미지 또한 서울 그 자체의 로컬리티에 집중하기보다는 '비서울'과의 차별성을 강조하면서 만들어지고 있는 것일지도 모른다. '지방러'라는 단어가 씁쓸하게 느껴지는 이유는 다른 지역에는 없는 것을 가지고 있는 '서울'만이 강조되기 때문이다. '서울 대 비서울'의 대립구도로 만들어지는 이미지는 결코 긍정적일 수 없다. 서울의 심상은 그 자체로 빛나는 것이어야 하지 '비서울'을 그림자 삼아 떠오르면 안 된다.

당신은 어느 도시를 닮았습니까?

영국의 수도인 런던을 떠올리면 맑은 날보다 흐린 날이 더 많은 우중충한 하늘과 그에 대비되는 빨간 버스가 그려진다. 습한 공기 사이로 파고드는 버버리 런던 향수의 내음을 떠올리는 사람도 있을 것이다. 프랑스의 수도 파리라 하면 에펠탑과 그 앞을 자전거를

서울의 이미지는 '보통의' 서울 사람을
대표하지 않는다.

타고 가는 파리지앵이 연상된다. 왠지 자전거 바구니에 담겨 있을 것만 같은 갓 구운 바게트의 고소한 향도 함께 말이다.

이렇듯 관광지로 발달된 대도시들은 시각적 심상을 넘어 공감각적 심상을 가지고 있다. 국내에도 해외만큼이나 아름다운 자연경관과 풍부한 로컬 콘텐츠를 가지고 있는 곳이 많지만, 아직까지 국내여행은 관광지 위주의 '볼거리'와 '먹을거리'에만 치중해 여행객들의 다양한 감각을 깨워주지 못하고 있다. 지역 고유의 색과 감성의 부재는 다양한 해외여행을 경험해본 한국사람들에게 '다 어딘가 비슷비슷한' 여행지로 기억되게 할 뿐이다.

"다덜 국내여행 또 가고 싶은 곳 어딘가요오 좋았던 곳! 어디였나요ㅜㅜ힐링하려는데 다 비슷비슷한 거 같고 강릉 부산 다녀왔는데 이제 어디 갈지 몰겟어요오"
"작년에 친구들이랑 내일로 갔다 왔는데 솔직히 국내여행지들은 다 비슷비슷해서 어디가 어딘지 잘 기억이 안남ㅋㅋㅋ 그냥 뭔가를 먹었고 기차를 탔던 어렴풋한 기억들 뿐…"

서울이 아닌 비서울이 '지방'이라는 이름에서 벗어나 개별적인 존재감을 갖기 위해서는 각 지역마다 뚜렷한 로컬리티가 있어야 한다. 국내여행 부흥이 코로나 발(發) 단발성 이벤트로 끝나지 않기 위해서는 장기적인 관점에서 해외여행의 수요를 가져올 수 있도록 감성과 로컬리티를 지닌 국내여행지가 많아져야 한다. 그리고 이를 체계적으로 브랜딩해야 한다.

  가장 적절한 참고사례는 한국인의 해외여행에서 큰 비중을 차지했던 일본이다. 그동안 일본은 특유의 청량함, 깨끗함, 정갈함으로 표현되는 감성과 색감을 바탕으로 강력한 심상을 구축해왔다. 깨끗한 골목길, 청량감이 느껴지는 하늘과 흩날리는 벚꽃, 교복 차림에 자전거를 탄 학생들 뒤로 지는 노을, 잔잔한 소음이 들리는 기차역… 일본에 한 번도 가본 적 없는 사람이라도 쉽게 '일본감성'을 떠올릴 수 있는 이유는 애니메이션이나 여행책자, 광고 등에서 끊임없이 이러한 심상들을 학습해왔기 때문이다.

  "저는 일본여행을 참 좋아해요 색감의 느낌도, 특유의 차분함도 마음에 꼭 들어서 매년 가게 되네요"
  "갑자기 일본여행을 혼자서 하고 싶단 생각이 들었어요. 당장 말고 정치적, 사회적 분위기가 나아지면요. 저는 쌈갬성파라 전부터 일본 애니의 분위기에 묘한 끌림이 있었는데 실제로 일본여행을 가면 그런 분위기의 낭만이 있을까요? 지브리 감성이나, 벚꽃, 노을이 보이는 지하철, 뭐… 그런 것들이요 ㅎ"

  이는 특정 지역의 심상을 그대로 벤치마킹하라는 것이 아니다. 흔히 통영을 '한국의 나폴리'라 하지만 그것은 나폴리의 심상을 가져온 것일 뿐 통영의 심상이라 할 수 없다. 사람들은 통영으로 만족하지 않고, 언젠가 진짜 나폴리에 가고 싶어 한다. 누구나 스마트폰으로 〈모나리자〉를 볼 수 있는 시대에 살고 있는 우리가 굳이 큰돈과 시간을 들여 루브르 박물관에 가는 이유는 원본만이 가지고 있는 아우라를 느끼기 위해서다. 원본이 있는 한 우리는 오리지널리티를 눈으로 확인하고 싶어 한다. 원본의 아우라를 가진 나폴리는 낭만과 환상의 영역에 있지만, 한국의 나폴리로 재현된 통영은 현실의 영역에 남아 있을 수밖에 없다.

그동안 국내에서 로컬리티를 형성하는 과정은 주로 정부와 지자체 중심으로 이루어졌다. 지역을 대표하는 이미지를 찾기 위해 예산을 들여 연구용역을 맡기거나, 지역주민과 관광객 등을 대상으로 설문조사를 실시한다. 이렇게 지역의 아이덴티티를 발굴하고 이는 우리가 아는 마스코트와 슬로건, 지역축제와 특산물로 표현된다. 우리가 '영덕' 하면 대게를 떠올리고 '제주도' 하면 감귤을 떠올리듯, 이 단계에서 지역과 심상 사이의 직관적인 연결고리가 만들어진다. 본격적인 '감성'이 만들어지기 전 '직관적인 이미지 구축' 단계라고도 할 수 있다.

그러다 이제는 지자체를 넘어 그 지역에서 활동하는 기업과 개인의 주도로 지역 이미지를 상품화하는 단계로 발전하고 있다. 여행객들의 인식 속에 있는 직관적 연결고리와 각 지역이 가지고 있는 특징을 섬세하게 포착해 제품으로 판매하는 것이다. 카카오프렌즈가 전주한옥마을점에서 살 수 있는 '전주 유생프렌즈' 에디션을 출시하거나 제주 '하르방 라이언' 등을 판매하는 것도 이러한 사례에 해당한다. 수제맥주도 좋은 예다. 최근 각 지역의 이미지를 담은 크래프트 맥주를 생산하는 브루어리가 전국 곳곳에 생기고 있다. 강릉에 위치한 버드나무 브루어리는 솔향이 나는 크래프트 비어 '파인시티세종'을 생산하고, 제주의 대표 브루어리 제주맥주는 감귤 껍질 향이 은은한 '제주 위트 에일'을 판매한다. 단순히 맛이 아니라 향으로 그 지역을 기억하게 하는 것이다.

인간의 오감 중 아직 지역 브랜딩이 장악하지 못한 영역이 있다면 아마 후각일 것이다. 한 연예인이 방송에서 여행지에 도착하면 가장 먼저 향수를 사서 여행 내내 뿌리고 다닌다고 밝혀 화제가 된 적이 있다. 실제로 생각보다 많은 사람들이 향으로 여행의 설렘과 추억을 떠올린다.

카카오프렌즈 '전주 유생프렌즈' 에디션 (사진출처 | 카카오IX)

"출국할 때 향수 사가서 여행지에서 계속 뿌리고 다니면 돌아와서도 기억에 더 남는다. 그런 향이 몇 개 있는 건 정말 행복한 일."

"해외여행 갈 때 향수 사서 그 나라에서 뿌리고 다니면 나중에 향만 맡아도 여행지 생각나서 좀 기분 좋아짐. 나한테 그렇게 매칭되어 있는 향수는 샤넬샹스후레시=터키, 딥디크도손=파리"

글로벌 향수 브랜드 데메테르는 오후 5시 경복궁 돌담길에 내리쬐는 햇살과 아름다운 풍경에서 영감을 받아 '서울'(Graceful Breeze)이라는 향수를 출시했다. 서울 외에 뉴욕 센트럴파크 오후 2시, 파리 몽마르트르의 아침 8시를 표현한 향수도 있다. 단순히 도시가 아닌 해당 도시의 감각을 잘 느낄 수 있는 특정 장소, 특정 시간을 정했다는 것에 주목하자. 향수는 누구나 사가는 인형이나 기념품과 달리 '개인적'일수록 좋다. 그러니 대기업이 아닌 개인의 로컬 마케터들도 충분히 도전해볼 수 있다. 당신의 브랜드에 로컬의 향을 활용해보는 것은 어떨까?

아직까지 국내의 로컬 여행지들은 맛집, 카페와 같은 먹을거리 위주로 이야기되고 있다. 여행을 가기 전에 그 지역에서 가장 유명한 맛집을 검색하고, 가장 핫하다는 카페를 저장한다. 어떤 여행지를 다녀온 후에 남은 감상이 '#jmt', '#핫플탐방'으로 축약되는 것은 조금 슬픈 일이다. 이 압축된 글자들 안에는 수많은 심상이 있다. 설레는 마음으로 열어본 기차역 도시락, 청량한 바다와 신나는 서핑, 솔향이 느껴지는 저녁 바비큐, 파도소리와 함께 마시는 쌉싸

름한 커피, 공방마을에서 만난 고양이를 따라가다 본 아기자기한 예술품 등, 사람들은 '좋았다'를 넘어 구체적인 서사를 품은 심상으로 기억하고 싶어 한다. 여행지는 아름다워야 하며, 아름다움을 표현하는 단어는 더욱 섬세해져야 한다. 비일상이 일상이 된 오늘, 감정은 예민해지고 감각은 둔해진 우리에게는 오감을 깨우는 여행이 필요하다.

여행지는 아름다워야 하며,
아름다움을 표현하는 단어는
더욱 섬세해져야 한다.
감정은 예민해지고 감각은 둔해진 우리에게는
오감을 깨우는 여행이 필요하다.

색은 강력한 심상이다

색은 이미지로, 이미지는 감성으로 구체화된다. 'ㅇㅇ감성'을 만들기 위해 먼저 우리 지역, 우리 브랜드의 색을 찾아라.

그곳의 이미지를 선점하라

샤넬은 프랑스 파리를, 버버리는 영국 런던을 대표하는 브랜드가 된 것처럼 특정 도시/지역의 감성과 이미지를 선점하자. 당신의 브랜드는 '서울' 하면 떠오르는 이미지에 걸맞은가? 혹은 사람들이 미처 인지하지 못한 지역의 감성과 상통하는가? 그곳의 이미지를 선점하자.

공감각적 심상을 만들어라

색으로 표현되고 향으로 느껴지는 감각적인 고유의 '심상'이 있어야 한다. 사람들은 단일한 정보보다는 연결고리가 있는 정보를 더 쉽게 기억한다. 단일 감각보다는 공감각을 활용한 로컬 브랜딩이 사람들의 기억에 더욱 강하게 새겨질 수 있다. 섬세하고 촘촘한 감각으로, 당신만의 로컬리티를 구축하라.

Part 2.
관계의 변화

Chapter 4

더 소중해지고
더 평등해진 핏줄

—————— 백경혜 ——————

과거 우리는 가족의 화목은 '얼굴 자주 보는 것'이라는

관념에 맞춰 억지로 시간을 할애했다.

그러나 이제는 '각자가 행복한 우리 가족'이 이상적이라 생각한다.

'수신제가치국평천하'의 21세기식 해석이랄까.

일단 내가 평온해야 가족을 지킬 수 있다.

각성된 소중함

　2020년 6월, 미국의 인터넷 매체 〈복스(Vox)〉는 다양한 국가의 독자들을 대상으로 '코로나19가 끝난 후에도 유지하고 싶은 습관'을 조사했다. 독자들이 꼽은 습관은 순서대로 소비 줄이기, 삶의 속도를 늦추고 자기강박 낮추기, 가족과 친구 우선시하기, 공동체 윤리 실천하기, 매일 운동하기, 직접 요리하고 식물 기르기, 자연과 더 많은 시간 보내기, 재택근무 등이었다.[1]

　우리나라 사람에게도 코로나19는 새로운 가치관을 정립하는 계기가 되었을까? 2020년 7월 3일 실시간 온라인으로 개최된 오피니언 마이닝 워크숍에 참여한 이들에게 〈복스〉가 발표한 8가지 습관을 바탕으로 "코로나 6개월, 이 시기를 겪으며 새롭게 결심한 것이 있나요?"라는 설문을 실시했다. 그 결과 1위는 '가족과 친구를 우선시하겠다'는 항목이 차지했다.

---

1) Sigal Samuel, "Quarantine has changed us - and it's not all bad", Vox, 2020.6.9.

당연하게 생각했던 가족 및 가까운 관계의 소중함을 코로나를 계기로 깨달은 것일까? 친구도 만나기 어려워진 2020년, 바깥세상에서 하루 종일 차고 있던 답답한 마스크를 풀고 편하게 얼굴 보고 밥을 먹고 이야기 나눌 수 있는 대상은 오로지 가족뿐이다. 그저 함께 사는 정도로만 인지했던 엄마나 남편이 내 공간에서, 내 시간을 함께 나누는 '가까운 사람', '유일한 사람'임을 각성하게 된 것이다.

이러한 변화는 소셜 빅데이터 상에 고스란히 드러난다. 3년 8개월간 '가족' 연관 서술어의 변화를 보면, 최근 들어 나들이 및 여행을 떠나는 즐거운 장면은 사라진 반면 가족의 중요성을 깨닫고 노력하고 더 신경 쓰는 모습이 두드러진다. 코로나 이전의 가족은 집을 거점으로 출근, 등교, 약속 등 각자의 시간을 보내다가 주말, 생일, 어버이날, 명절 때 모여서 밥 한 끼 하는 관계였고, 평소 나누지 못하는 시간은 1년에 한두 차례 여행이나 나들이로 해소하는 관계였다. 그러다 2020년, 하루 종일 얼굴을 마주보며 보낼 수밖에 없는 상황이 도래하고야 말았다. 같은 공간에서 하루 종일 부대끼느라 피곤하기도 하지만, 코로나 시국에 사람들이 떠올리는 건 가족의 피곤함보다는 소중함이다.

"코로나 바이러스로 인해 나 자신을 비롯해 많은 것이 변하고 있다. 제일 많이 변한 것이 소중함을 깨달은 것이다. 가장 중요한 가족의 소중함을 깨달았고, 시간, 자유, 물품, 국가, 이웃, 미래에 대한 소중함도 새삼 깨닫게 되었다"

〈'가족' 연관 서술어 변화〉

	증가 키워드		감소 키워드
1	중요하다	1	여행 가다
2	어렵다	2	즐겁다
3	돌보다	3	신나다
4	답답하다	4	구경하다
5	걱정되다	5	바쁘다
6	지키다	6	가보다
7	같이먹다	7	재미있다
8	주문하다	8	사진 찍다
9	시간 보내다	9	피곤하다
10	건강하다	10	함께하다
11	신경쓰다	11	놀러가다
12	미치다	12	가고 싶다
13	생각하다	13	기다리다
14	속상하다	14	웃다
15	노력하다	15	맞이하다
16	시키다	16	쉬다
17	걱정하다	17	사랑하다
18	불편하다	18	모시다
19	괜찮다	19	즐거움
20	너무좋다	20	자다

출처 | 생활변화관측소, 블로그·커뮤니티 2017.01.01~2020.08.31

"코로나 감염의 지속으로 새삼 가정과 가족의 소중함을 깨닫는다. 사람과의 관계는 힘들면 안 보면 그만이지만 가족은 그렇게 되지 않는다…"

코로나로 우리에게 가족이 새삼 중요해진 것일까?
아니다. 원래도 가족은 중요했다.

1인 가구 시대, 그러나 여전히 가족과 산다

최근 몇 년간 각종 미디어는 1인 가구의 증가를 대서특필하고, 결혼 인구가 감소한다는 데이터로 가족의 해체를 경고하거나, 가족이 아닌 개인이 중요해진다는 내용의 기사를 끊임없이 내보내고 있다.

하지만 통계청 데이터를 다른 기준으로 살펴보면 새로운 사실이 보인다. "당신의 가족은 몇 명으로 구성돼 있습니까?"라는 세대주 기준의 '가구통계'가 아니라, "당신은 몇 인 가구에 속해 있습니까?"라는 구성원 기준의 '개인통계'로 살펴보자. 가구통계로는 2015년 이후 1인 가구가 4인 가구를 역전해 꾸준히 증가하고 있지만, 개인통계를 따지면 여전히 다인 가구에 속한 사람들의 비중이 압도적으로 높다.

왜일까? 가구 기준으로는 2019년 수도권 기준 1인 가구의 비중이 전체의 30.2%를 차지하고 4인 가구는 16.2%에 머물지만, 이를 개인통계로 환산하면 '1인 가구에 사는 사람'의 비중은 전체의

12.7%로 낮아지고, '4인 가구에 사는 사람'의 비중은 27.3%가 된다. 즉 1인 가구 시대에도 혼자 사는 사람보다는 가족과 함께 사는 사람이 여전히 훨씬 많다는 뜻이다.

아주 먼 미래에 1인 가구가 절반을, 아이 없는 2인 가구가 나머지 절반을 차지한다 해도, 여전히 전체의 3분의 2는 혼자가 아니라 가족이 있는 사람들일 것이다. 설령 부모로부터 독립해 혼자 사는 사람들에게도 엄마와 아빠라는 존재가 있는 한 가족은 결코 사라지지 않을 것이며, 규모가 작아지는 만큼 우리 가족은 더 소중하고 단

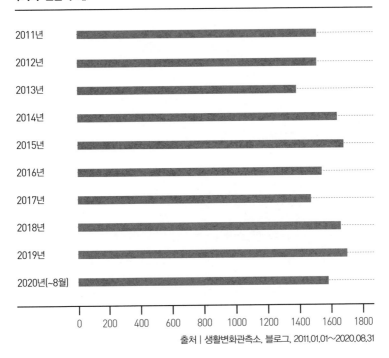

〈'가족' 언급 추이〉

2011년	
2012년	
2013년	
2014년	
2015년	
2016년	
2017년	
2018년	
2019년	
2020년(~8월)	

0   200   400   600   800   1000   1200   1400   1600   1800

출처 | 생활변화관측소, 블로그, 2011.01.01~2020.08.31

단해질 것이다.

이를 입증하듯, 소셜 빅데이터에서 '가족'에 대한 언급은 지난 10년간 줄어든 적이 없었다. 코로나 이후에도 큰 변화를 보이지 않고 있다. 다들 친구를 만나거나 혼자의 시간을 보내느라 가족은 뒷전일 것 같지만, '친구'나 '혼자'의 상황을 즐긴다고 해서 '가족'이 덜 중요한 것은 아니다.

"다른 일들이 우리를 바꿀지라도
처음과 끝은 항상 가족과 함께한다."
(Other things may change us, but we start and end with family.)

- 작곡가 앤서니 브란트(Anthony Brandt)

먼 친척은 더 멀리, 내 가족은 더 가까이

가족의 소중함은 언제나 변함없지만, 가족과 함께 시간을 보내는 방법은 시대에 따라 달라진다. 특히 최근에는 가족의 범위도 달라지고 있다. '가족' 연관어를 살펴보면 몇 가지 변화를 알 수 있다.

138쪽 도표를 보면 같은 집에 사는 아이, 엄마, 아빠는 꾸준히 상위권을 유지하며 여전히 중요한 가족 구성원으로 언급되는 반면, 시부모님, 사촌, 이모, 고모 등 한 다리 걸친 이들은 가족의 울타리에서 빠지는 모습이 눈에 띈다. 한 집에 사는 '우리 가족' 외의 먼 친척은 안 그래도 멀어지고 있었는데 2020년 코로나를 기점으로 거의 '정리'되는 수순이다.

만나는 가족의 범위만큼이나 가족을 만나는 시간도 축소되고 있다. 온 가족이 1박 이상을 할 수밖에 없는 명절이나 연휴, 휴가 등의 가족모임은 줄어들고 생신, 어버이날, 기념일처럼 당일에 끝나는 모임에 대한 언급이 늘어나고 있다. 반드시 챙겨야 하는 가족모임은 하루 혹은 한 끼로 끝내고, 긴 연휴에는 좋아하는 사람, 진짜 우리 가족들과 여행을 떠난다.

"명절 때 언제부턴가 그냥 우리 가족끼리만 여행을 다니곤 했는데, 그 거 때문에 친척들 사이에서는 우리가 깍쟁이로 찍혔지만 그러든가 말든가"

"내 기억에 추석은 서먹한 친척들이 공부 잘하냐는 등 서먹한 질문을

〈'가족' 연관 대상 언급 순위〉

2017년		2018년		2019년		2020년(~8월)	
1	아이	1	아이	1	아이	1	아이
2	엄마	2	엄마	2	엄마	2	엄마
3	혼자	3	혼자	3	혼자	3	혼자
4	남편	4	남편	4	남편	4	남편
5	아빠	5	아빠	5	아빠	5	아빠
6	동생	6	동생	6	동생	6	동생
7	언니	7	언니	7	언니	7	지인
8	시어머니	8	아내	8	지인	8	언니
9	아내	9	지인	9	아내	9	아내
10	오빠	10	시어머니	10	시어머니	10	오빠
11	지인	11	오빠	11	오빠	11	시어머니
12	할머니	12	할머니	12	할머니	12	할머니
13	시아버지	13	시아버지	13	친척	13	반려동물
14	조카	14	친척	14	시아버지	14	친척
15	친척	15	조카	15	조카	15	조카
16	형제	16	형제	16	형제	16	형제
17	할아버지	17	할아버지	17	반려동물	17	시아버지
18	사촌	18	누나	18	누나	18	할아버지
19	이모	19	반려동물	19	할아버지	19	누나
20	반려동물	20	이모	20	친정엄마	20	친정엄마
21	친정엄마	21	친정엄마	21	이모	21	이모
22	누나	22	사촌	22	사촌	22	사촌
23	고모	23	형님	23	형님	23	형님
24	형님	24	고모	24	장모	24	장모
25	시댁식구	25	시댁식구	25	고모	25	고모

출처 | 생활변화관측소, 블로그 · 커뮤니티, 2017.01.01~2020.08.31

던지는 날이고, 딱히 별로 즐거운 기억도 없는 무의미한 날"

대표적인 가족행사인 결혼식의 변화를 예로 들어보자. 매년 사상 최저를 갱신하는 혼인 건수와 함께 결혼식에 대한 언급도 해마다 줄어들고 있다. 그에 따라 결혼식의 모습도 달라지는 것을 볼 수 있다. 소셜 데이터에서 살펴본 2015년의 결혼식은 부모님과 자신의 지인을 최대한 많이 초대한 후, 예쁜 드레스를 차려 입고, 다시 한복으로 갈아입고 친지에게 폐백을 올린 후 절값을 받아, 신혼여행을 떠나는 거대하고 의례적인 가족행사였다. 그에 반해 2019년의 결혼식은 명실상부 소수정예의 파티로 변모했다. 주최측은 우리가 가족이 되는 파티에 와서 축하해줄 지인들을 선별해서 초대하고, 참석하는 사람들은 어떤 옷을 입을지 고민하며 멋진 홀에서의 맛있는 식사를 기대한다.

이미 가족 중심의 파티로 변화하고 있던 결혼식은 2020년 코로나 이후 더 빠르게 군더더기를 지워내며 콤팩트해졌다. 얼굴 모르는 육촌, 팔촌의 결혼식까지 품앗이하듯 참석해주던 관행에서 벗어나 가까운 사촌이나 같은 지역에 사는 친척의 결혼식에만 가는 것으로 참여범위가 좁아졌다. 폐백도 사라졌다. 해외 신혼여행도 사라졌으니 당사자들도 정신없이 하객을 챙기며 다양한 미션을 완수할 필요 없이 여유롭게 파티를 즐길 수 있다. 의미 없는 친척 대신 가까운 지인을 초대해 파티는 더 즐거워졌다. 이를 반영하듯 '가족'의 연관어로 '지인'이 증가하고 있다.

〈'가족+모이다' 연관 상황 언급 순위〉

2017년		2018년		2019년		2020년(~8월)	
1	명절	1	명절	1	명절	1	주말
2	주말	2	주말	2	주말	2	자주
3	자주	3	자주	3	자주	3	생일
4	연휴	4	생일	4	생일	4	명절
5	생일	5	결혼	5	설날	5	설날
6	설날	6	설날	6	결혼	6	가끔
7	결혼	7	연휴	7	돌잔치	7	돌잔치
8	돌잔치	8	돌잔치	8	연휴	8	결혼
9	가끔	9	가끔	9	제사	9	연휴
10	제사	10	제사	10	가끔	10	생신
11	휴가	11	생신	11	생신	11	어버이날
12	생신	12	휴가	12	새해	12	새해
13	크리스마스	13	새해	13	휴가	13	휴가
14	새해	14	크리스마스	14	평일	14	제사
15	간만	15	연말	15	크리스마스	15	평일
16	평일	16	간만	16	어버이날	16	간만
17	연말	17	어버이날	17	연말	17	기념일
18	어버이날	18	안주	18	간만	18	회식
19	휴일	19	기념일	19	기념일	19	휴식
20	기념일	20	휴일	20	휴일	20	어린이날
21	쉬는날	21	주말저녁	21	휴식	21	방학
22	주말저녁	22	매주	22	어린이날	22	매주
23	매주	23	쉬는날	23	매주	23	휴일
24	상견례	24	어린이날	24	쉬는날	24	주말저녁
25	여름휴가	25	월말	25	여름휴가	25	쉬는날

출처 | 생활변화관측소, 블로그 · 커뮤니티, 2017.01.01~2020.08.31

그러다 2020년 8월 코로나로 사회적 거리 두기 2단계가 시행돼 50인 이상 실내모임이 금지되는 바람에 지인들을 초대하기 어려워졌다. 결혼식은 부모님의 행사이기도 하기에 어쩔 수 없이 친척들을 초대하지만 '대형 상견례'가 되어버린 이 상황에 신랑신부는 진심으로 웃을 수 없다. 가까운 지인들의 마음에서 우러난 축하를 받으며 우리만의 파티를 즐길 수 없게 돼 속상하다.

이런 요식행사 같은 결혼식의 대안으로 '유튜브 라이브 결혼식'의 시대가 급격히 다가오지 않을까? 모바일로 청첩장을 보내고, 유튜브로 결혼식을 생중계하고, 카카오톡으로 축의금을 보내고 답례품은 기프티콘으로 받는 순도 100% 온라인 결혼식이 이미 시도되고 있다. 머잖아 유튜브 별풍선(슈퍼챗)으로 축의금을 쏘는 행위가 결혼식 문화로 자리잡는 것은 아닐까? 60대 이상 장년층도 유튜브에 익숙한 만큼, 코로나가 끝난 후에도 이동이 어려운 어르신들을 위해 유튜브로 결혼식을 생중계하고, 오프라인 결혼식은 소중한 친구들과의 파티로 진행될지도 모르겠다.

"요즘 50명 제한 때문에 홀에 50명, 연회장에 50명 초대하잖아요. 근데 보통 홀 50명에 친척들을 넣는데, 저는 친구나 지인들을 넣고 싶어요. 친척들은 친하지도 않고, 축가랑 사회도 친구들이 준비하는데 친척분들이 막 신나게 축하해줄 것도 아니고 썰렁할 것 같아요. 그냥 그분들은 연회장에 가라고 하고 싶어요 ㅜ.ㅜ"

또 다른 가족행사인 장례식과 제사도 빠르게 간소화되고 있다. 코로나 염려로 아예 제사를 지내지 않고 건너뛰거나, 다른 친척들의 방문 없이 우리 가족끼리만 조촐하게 진행하곤 한다. 이 와중에 제사를 강행하면 전통을 지키는 뼈대 있는 집안이라기보다는 고리타분하다고 인식되기 십상이다. 장례식 또한 3일 동안 밤새 조문객들을 맞이하고 식사에 술 한잔 기울이며 안부와 슬픔을 나누던 문화에서, 조문을 사양하고 인사만 하고 돌아가는 분위기로 간소화되었다. 밤낮으로 손님을 치르느라 정신없던 3일간의 피로가 줄어들고, 가족끼리 슬픔을 나누며 고인과의 추억을 정리할 시간을 가질 수 있게 되었다.

코로나 이전에도 가족의 범위는 좁혀지고 있었고, 가족 모임은 간소화되고 있었다. 단지 코로나 시대에 결혼식, 장례식 등을 치르며 '그래, 우리 사이가 이 정도였지' 하고 관계의 거리감을 각성하게 되었을 뿐이다. 반대로 같은 지붕 아래 사는 가족과의 거리감은 물리적으로도 심리적으로도 더 가까워졌다.

"코로나 때문에 친척분들 못 오셔서 우리 가족끼리 제사했는데 제사 의미랑 진행하는 거랑 2n년 만에 처음 들었음. 코로나의 순기능??"

"코로나 시대의 장례식. 식사 대접을 할 수 없다. 당연히 술도 없고. 조용하고 단순하다. 어딘가 어색하지만 다들 한결 편하고 의미 있어진 것도 사실이다."

달라진 화목의 정의 : 따로 또 같이 조립식 가족

안 그래도 중요한 '우리 가족'은 코로나 이후 더 강하게 뭉치게 되었다. 집밖의 지인들은 물론 따로 사는 부모님, 형제자매를 만나는 것도 소극적일 수밖에 없는 상황이다. 어떻게든 우리는 집에서 가족끼리 더 의미 있는 시간을 보내야 한다. 코로나는 가족이 어떤 관계에 있는지 애착의 정도가 드러나는 계기가 되었다. 평소 삐걱대던 가정은 갈등이 고조됐고, 함께 시간을 보내고 싶지만 바빠서 그러지 못했던 가정은 코로나를 계기로 시간을 선물받았다.

"사랑하는 사람이랑 오래 같이 있고 싶어서 결혼한 건데 원래 이랬어야 되는 거 아닌가, 어쩌면 코로나 이후의 일상은 우리가 살아왔던 일상이 아니라 어렴풋이 바라왔던 걸지도 몰라."
"코로나로 인해 변화된 점 중 감사한 것은 아이와 나의 충분한 휴식, 가족과의 저녁시간, 그리고 늘어가는 나의 요리 실력"

코로나 이전에는 가족 구성원들이 각자 외부활동을 하는 시간이 정해져 있었다. 자녀들은 학교와 어린이집으로, 어른들은 직장으로, 전업주부는 가사노동에 정해진 시간을 쓰다가 저녁이 되어야 한 자리에 모였다. 가족 모두가 평일에 얼굴을 마주할 수 있는 시간은 3~4시간이 될까 말까다. 그러다 아이가 학교를 가지 못하고, 엄마아빠가 재택근무를 하게 되자 가족 모두가 집에 있는 시간이 늘어났다. 늘어난 시간만큼 집안일도 늘어났다. 그동안은 서로에게 불만이 있어도 낮 동안 얼굴을 보지 않으며 잊을 수 있었는데, 이제는 하루 종일 얼굴을 마주보며 불만을 터뜨릴 여지도 커진다. 이런 사람들은 어서 이 상황이 종식되고 '코로나 이전의 일상'으로 돌아가기를 바란다.

그러나 코로나로 모든 가정이 갈등에 휩싸이는 것은 아니다. 코로나로 더욱 돈독해진 가족은 어떤 비결로 화목을 지켜내고 있을까? 바로 '따로 또 같이' 하는 가족의 시간을 균형 있게 컨트롤하는 것이다.

과거 우리는 가족의 화목은 '얼굴 자주 보는 것'이라는 관념에 맞춰 억지로 시간을 할애했다. 그러나 이제 시간의 주인이 바뀌고 있다. 가족/단체/조직이 아니라 내가 시간의 주인이 되어, 긴 시간은 나를 위해 남겨두고 가족을 위해서는 짧은 시간을 쓴다. 이는 가족이 사라지는 징후가 아니라 나를 중심으로 시간이 재편되는 것이다. 내가 희생해서라도 '우리 가족'의 행복을 도모하는 게 아니라, '각자가 행복한 우리 가족'이 이상적이라 생각한다. '수신제가치국평천하'의 21세기식 해석이랄까, 화목한 가정의 새로운 정의랄까. 일단 내가 평온해야 가족을 지킬 수 있다.

이에 따른 화목한 가족의 시간관리법 첫 번째는 각자의 시간을 확보하는 것이고, 두 번째는 가족이 모여 정기적으로 함께하는 의식, 즉 '루틴'의 시간을 확보하는 것이다.

따로여서 가능한 화목

가족 각자의 시간은 어떻게 확보되고 있는가? 소셜 데이터에서도 가족이 각자 시간을 보낸다는 언급은 매년 증가하고 있다.

"요즘 나는 모임을 늘리고 남편은 취미를 늘리면서 각자의 시간이 확보됐다. 전보다 보는 시간은 적어졌는데 싸울 일이 없네"

⟨'가족+각자' 언급 추이⟩

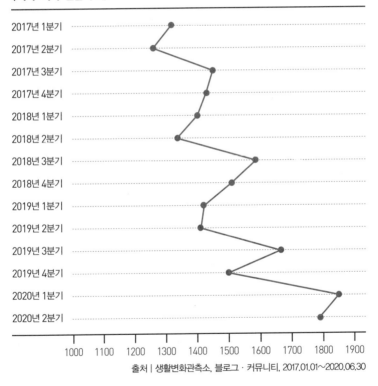

출처 | 생활변화관측소, 블로그 · 커뮤니티, 2017.01.01~2020.06.30

"남편이 친구들과 놀러갔고, 난 아이와 부모님 집에 와 있다. 남편과 이렇게 각자의 시간을 가지는 것, 참으로 좋구나"

여기, 아이가 있는 3인 가구의 일상을 데이터로 살펴보자. 아이가 부모와 보내는 시간분포를 보면 평일에는 아이가 엄마랑만 지내는 비중이 70% 이상인 반면, 주말에는 엄마아빠와 함께 보내는 비중이 60% 정도다. 그런데 최근 들어 주말에 부모와 아이 셋이서 함께 보내는 시간의 비중이 줄어들고 '아빠랑 키즈카페에 갔다', '엄마와 에버랜드 다녀왔다'처럼 둘 중 한 명만 아이를 돌보는 상황이 증가하고 있다. 가족 모두가 모여서 전통적인 화목을 연출하기보다는 힘들 때 더 힘들더라도 각자의 휴식을 온전히 확보하겠다는 전략이다.

오늘날의 화목은 반드시 두 사람 이상의 가족이 함께 있어야 하거나, 누군가의 희생을 바탕으로 완성되지 않는다. 오히려 그 반대, 즉 평등한 모습에서 화목이 가능하다. 엄마가 혼자 시간을 보내면서 남긴 "남편은 아이랑 1박2일 캠핑 갔어요 #간만의육퇴"라는 해시태그와 맥주 사진 한 컷, 아빠가 "아들 데리고 1박2일 캠핑 왔어요 #남자둘"이라고 남긴 한 컷이야말로 모두가 부러워하는 평화로운 가족의 모습이다.

《2020 트렌드 노트》에서 다루었던 모녀관계도 빼놓을 수 없다. 코드는 안 맞지만 온 가족이 함께해야 화목한 것 같으니 어쩔 수 없이 아버지까지 모시고 '가족 패키지여행'을 떠나는 것에서 탈피해

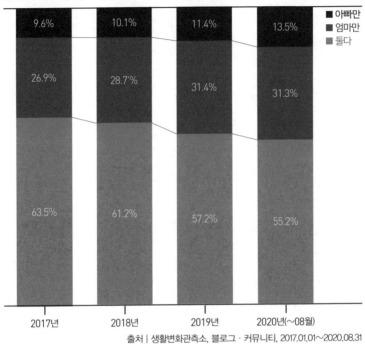

〈'주말' 연관 '아빠만' vs. '엄마만' vs. '둘다' 언급 비중〉

	2017년	2018년	2019년	2020년(~08월)
아빠만	9.6%	10.1%	11.4%	13.5%
엄마만	26.9%	28.7%	31.4%	31.3%
둘다	63.5%	61.2%	57.2%	55.2%

출처 | 생활변화관측소, 블로그 · 커뮤니티, 2017.01.01~2020.08.31

나와 코드가 맞는 엄마와 단둘이 떠나는 '모녀여행'이 증가했다. 코로나 때문에 모녀여행은 줄었지만 국내에서의 '모녀데이트', '모녀나들이'는 여전히 진행 중이다. 딸의 뛰어난 정보력과 엄마의 경제력이 더해져서 딸은 평상시 쉽게 할 수 없던 호사스러운 경험을 누리고, 엄마는 딸과 함께 소위 '요즘 애들'이 먹고 노는 방식을 편하게 체험할 수 있다.

이렇듯 모든 구성원이 함께여야 행복하다는 공식은 사라지고 있다. 오늘날 가족의 화목은 단일한 조형물이 아니라 조립 가능한 레고 형태라 할 수 있겠다. 혼자라도, 엄마와 둘이더라도, 온 가족이 함께라도, 각자의 행복이 전제되었을 때 완성체가 무너지지 않는다.

"꼬맹이. 어젠 나랑 나가 놀고 오늘은 남편이랑 나갔다. 둘이 새로 생긴 키즈카페 갔다면서 사진을 보내왔는데 아주 신난 듯. 아이가 크면서 놀아 '준다'에서 함께 논다로 바뀌어 더 즐거움. 물론 이렇게 혼자 있는 시간도 중요해"
"우리 집은 엄마, 아빠, 나, 언니 컴퓨터 따로 다 있어서, 주중에는 주로 각자 할 거 하고 챙겨 먹을 거 먹고 토욜이나 일욜 점심은 다 같이 모여서 밥 먹고 수다 떤다. 얘기하면 신기해들 하는데 우린 지극히 잘 지내고 있다"

여기서 유념할 것. '따로 또 같이' 시간을 보내면서도 화목할 수 있는 이유는 이들이 예전부터 이런 식으로 시간 컨트롤하는 방법을 학습해왔기 때문이다. 가족이 거실에 모여 함께 식사하고 주말에 함께 나들이 떠나는 것이 화목의 상징인 시대는 코로나 이전에 이미 사라지고 있었다. 부부가 침대를 따로 쓰거나, 주말에 각자의 공간에서 게임하고 책을 읽는 장면은 화목하지 않다는 징표가 아니라, 서로의 시간과 취향을 존중해주는 화목한 가족이라는 증거가 된다. 예전에는 혼자 아이폰을 들고 넷플릭스를 보고 에어팟을 꽂고 음악을 듣는 장면이 힙했다면, 이제 아빠는 노트북, 엄마는 휴대폰, 아이는 아이패드를 각자 들고 각자의 콘텐츠를 즐기는 것이 힙한 비둘기 가족의 모습이다.

루틴으로 하나되는 가족

다음으로 가족의 '루틴'에 대한 이야기해보자. 1장에서 언급했듯 루틴은 규칙적으로 하는 일의 순서와 방법을 의미한다. 건강관리 또는 업무 효율을 위해 각자의 루틴을 만들듯, 가족의 화목을 위해서도 루틴이 필요하다. '가족루틴'에 대한 언급은 1년 전보다 3.2배 증가했다. 가족루틴은 1대 1로 행해지는 것도 있고, 가족 구성원 모두가 합의하여 함께 만드는 것도 있다. 예를 들어 매일 퇴근해서 씻은 후 엄마와 통화하는 루틴, 아침에 가족을 배웅하며 안아주는 루틴, 매일 새벽 아빠와의 산책 등은 가족을 사랑하는 마음에 스스로 행하는 루틴이다. 자기 전에 온 가족이 함께 1시간 독서하는 루틴, 일요일 아침식사는 아빠가 준비하는 루틴, 월 2회 가족캠핑 루틴, 월수금 홈트 루틴, 5월마다 가족사진 찍기 루틴 등은 가족 구성원들이 의식적으로 함께하는 것이다.

개인적 루틴과 달리 가족루틴은 그다지 생산적이지 않아도 된다. 서로의 소중함을 되새길 수 있다면 어떤 것이라도 좋다. 가족을 위한 시간에 내가 발 들였음을 알려주고, 가족 안에 내가 함께한다는 자기암시와 안정감을 갖게 하는 것만으로 이미 그 역할은 다한 셈이다.

현재가 불만족스러운 누군가는 '코로나가 없던 일상'으로 돌아가자고 말한다. 그러나 누군가에게 이전의 일상은 시간에 쫓기고 경쟁에 치여 가족과 함께할 시간도 없던 팍팍한 시절이었다. 가족의 소중함을 깨달아버린 이들이 과연 돌아간 일상에 만족할 수 있을까?

⟨'가족+루틴' 언급 추이⟩

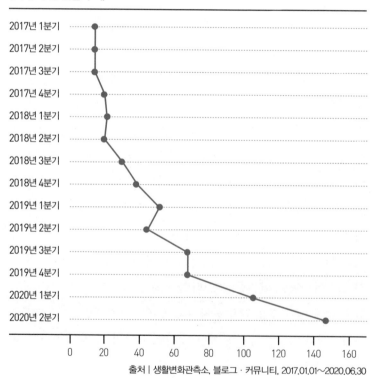

출처 | 생활변화관측소, 블로그 · 커뮤니티, 2017.01.01~2020.06.30

"매주 일요일 오후 온가족이 산책하며 집 근처 커피숍으로 장소를 이동해 책을 읽는 모임을 만들었다 #우리가족루틴"

"몇 가지 가족과의 루틴 중 하나, 매년 결혼기념일마다 집에서 가족사진을 찍는다. 딱 그날이 아니래도 그 무렵에 찍어놓았더니 10년 동안의 가족의 변천사가 한눈에 보여 좋다. 아이들의 성장과 우리 부부의 성숙함? 볼 때마다 울컥한다"

코로나 이후 새롭게 포착된 가족의 장면은 '술상'이다. 코로나 이후 인스타그램에서 '#술스타그램'은 1년 전보다 약 30% 감소했지만 '#술상스타그램'은 50% 이상 증가했다. 회식, 학교 모임 등에서 떠들썩하게 부어라 마셔라 하던 술이 코로나 시대를 맞아 사이좋은 가족의 품으로 들어왔다. 하루 종일 한 집에서 보내고도 저녁이 되면 맛있는 음식과 함께 술잔을 기울이며 오손도손 대화하는 장면을 담은 '#술상스타그램'이야말로 우리 가족의 화목을 보여주는 증거가 된다. 특히 아이 없는 딩크족은 서로에게 누구보다도 좋은 술친구다. '#술상스타그램'의 사진을 올릴 때는 잊지 않고 '부부', '집밥', '요리', '안주', '술상'이라는 키워드와 함께 '우리 부부는 현재가 힘들지 않고 그럴듯한 술상을 차려서 즐길 줄 아는 사이'임을 부연 설명한다. 이렇듯 부부는 서로의 고충을 도우며 여유를 확보해주고 함께 술잔을 기울이는 '동반자'가 되고, 아이는 내가 컨트롤하는 존재가 아니라 취향을 맞춰가며 함께 시간을 보내는 '친구' 같은 존재가 되고 있다.

<코로나19 시기 '술상스타그램' 연관어>

출처 | 생활변화관측소, 인스타그램, 2020.01.01~2020.08.31

밀레니얼 엄마아빠는 매니지먼트에 능한 편이다. 즉 효율적으로 일처리하는 방법을 안다. 일 좀 할 줄 아는 이들은 어떻게 공부하는 것이 효과적이고, 어떻게 취미를 영위하는 게 즐거운지, 불규칙한 생활에서 어떻게 루틴을 만들어야 하는지 알고 있다. 가족은 아빠 중심으로 돌아가지 않아도 되고, 엄마도 존중받아야 하며, 아이도 자신의 생각을 가지고 살아가야 함을 잊지 않는 수평적 가족이야말로 가장 이상적인 형태임을 알고 살아가는 세대다. 1인이 커지고 1인의 삶을 지향하더라도, 가족은 영원히 사라지지 않는 관계이자 다른 관계의 가치관을 만들어주는 틀이기에 해체되기보다는 수평적인 방향으로 진화하고 있다.

집밖 관계의 변화, 가족의 변화에서 힌트를 얻자

가족의 변화는 여타 인간관계의 변화에 대처하는 데에도 힌트를 준다. 이를테면 '또 하나의 가족' 혹은 '가족 같음'을 주장하는 회사에서의 관계 말이다.

코로나로 회사가 직원 개인을 대하는 다양한 민낯이 드러나고 있다. 세계 각국의 기업들은 코로나 사태를 맞아 제각기 대응방법을 내놓고 있다. 회사의 매출도 불안하지만 그보다 직원들의 안전을 먼저 고려해 가장 빠르게 적용할 수 있는 탄력근무, 재택근무, 강제 연차 소진, 출장 금지 등의 조치를 취하는 회사들이 있다. 한발 더

화목한 가족의 시간관리법 :
각자의 시간 확보, 그리고 가족 루틴

나아가 직원은 물론 가족에게도 마스크를 배포하고, 출퇴근 시 택시비를 지원하거나 재택이 여의치 않은 직원들을 위해 거점형 오피스를 만들어 멀리 이동하지 않고도 효율적으로 일할 수 있도록 환경을 마련해주는 회사도 있다. (코로나에도 매출 타격이 없는 회사들 이야기일 것 같지만 꼭 그렇지만도 않다.)

반대로, 재택근무보다 인력감축 및 월급삭감이라는 카드를 먼저 꺼내는 회사도 있다. 직원들이 집에서는 제대로 일할 것 같지 않다는 이유로 출근을 강행하는 회사도 있다. 직원들을 일개 부품으로 보고 '가족끼리 왜 이래~' 하며 희생을 강요하는 조직과, 수평적인 자세로 '모두 힘들지만 같이 힘냅시다'라는 태도로 접근하는 조직, 이에 대한 직원들의 태도는 완연히 달라진다. 누군가에게는 없던 애사심이 생기고, 누군가는 남모르게 이직 계획을 세우게 된다.

"우리 회사는 끝까지 코로나고 나발이고 재택근무 안 시키려나 봐 너무 좋은 회사야 감동이야 진짜 악!!! 매주 금요일 5시 30분에 꼭 회의하는 모 임원님 사랑합니다!"
"코로나 바이러스 때문에, 회사에서 직원들 쓰라고 일회용 마스크 배포하고 손소독제와 손세정제를 비치해주고 소독 키트도 각자에게 줬다. 생각지도 못한 회사의 세심한 배려에 감동함"

비단 회사의 코로나 대응방식 때문이 아니어도 직원들의 행동방식은 코로나를 기점으로 눈에 띄게 달라지고 있다. 코로나 이전에는 어떠했는가? 지각하지 않았음을 알리기 위해 출근하자마자 상사에게 눈도장을 찍고, 매일 함께 먹어도 여전히 어색한 팀원들과 점심을 먹고, 나른한 3~4시경 커피 한잔 하는 동안에도 너무 오래 자리를 비우지 않았는지 시계를 확인했다. 퇴근해도 되는지 분위기를 살피는 등 출근하는 순간부터 퇴근할 때까지 업무 외에도 상사와 동료와의 관계에서 신경 쓰이는 지점이 하나둘이 아니었다.

그러나 코로나 이후 많은 관계 의무에서 자유로워졌다. 재택근무를 못하고 출근하더라도 예전처럼 의무적으로 점심을 함께할 필요는 없어졌다. 동료들과 뒷담화하며 마시는 커피 타임보다 혼자 마시는 커피 시간이 늘었고, 업무를 마친 후에는 억지로 회식에 끌려갈 염려 없이 안전 귀가가 당연해졌다. 이유 없이 내가 맞춰야 했던 시간의 주도권이 안전을 명분으로 내게 귀속된 것이다.

직장에서 관계의 변화를 가장 실감나게 느낄 수 있는 것은 바로 회의시간이다. 사무실에서 프레젠테이션을 할 때는 책상이 있고, 사람들이 둘러앉는다. 회사에 따라서는 어떤 분이 그 회의에 들어오는지에 따라 자리가 정해진다. 명문화되어 있지는 않지만 암암리에 직급과 서열에 따라 앉는 자리가 정해지고, 알아서 윗분의 자리를 피하거나 가까이 앉는다. 하지만 줌이나 구글 행아웃 미트 (Google Hangouts Meet) 등으로 화상회의를 하는 순간 서열과 직급은 사라진다. 모두가 화면 속 똑같은 크기의 타일로 보일 뿐이다. 온라인 공간에서는 물리적 공간에서 갖던 권위가 사라지고 모두 수평적인 관계가 된다.

커뮤니케이션의 온라인화로 관계의 역전이 가장 크게 일어난 곳은 가족도 직장도 아닌 학교다. 이미 바뀌기 시작한 선생님과 학생의 관계는 코로나를 계기로 더 빠르게 수평적으로 변하고 있다.

초등학생부터 대학생까지, 코로나를 계기로 몇 달째 온라인 수업을 이어왔다. 이들로 말하자면 태어나면서부터 EBS, 인터넷 강의 그리고 일타강사가 요약 정리한 모범답안을 학습해온 세대다. 자신이 선택한 학원과 선생님에게, 익숙한 방식으로 배우고, 2배속으로 강의 영상을 돌려보며 학습 속도마저 스스로 조절해온 세대다. 그런 대학생들에게 교수님의 학습법은 코로나가 아니더라도 이미 너무 식상하다. 애초에 교수님이 대학 선택의 기준도 아니었으므로 신뢰가 전제된 관계도 아니다. 이런 상황에 준비 없이 온라인 수업을 하게 되니 학생들로서는 이전의 인터넷 강의와 교수님의 수업이 비교될 수밖에 없고, 퀄리티에 의문을 가질 수밖에 없다.

"교수님이 전공책 대신 읽어드립니다 수준으로 강의하는데 내 등록
금 이제 그만 돌려줘야 하지 않을까?"
"인강 쌤들은 강의력도 좋고 재밌는데 인강의 몇 십배나 받는 대학교
강의는 재미도 없고 교수님들 강의력도 완전 똥망임!! 그리고… 매번
교수님과 조용한 1평 방에 갇혀서 서로 안부인사 나누는 기분임"

코로나 이전에도 회사에서는 화상회의가 시도되고 있었고, 직급에 상관없이 모두가 화면을 채운 얼굴 중 하나가 돼 수평적인 회의

상사는 회식 없는 리더십을 모색해야 하고,
선생님은 권위 없는 지식 나눔을 해야 한다.

시간을 만들어가고 있었다. 하지만 학교는 그렇지 않았다. 몇 시간 동안 선생님이 일방적으로 지식을 전달하는 방법으로 수업이 진행되곤 했다. 몇(십) 년간 변화 없이 강의해온 교수님들에게 온라인 수업은 지극히 불리한 무대다. 인터넷 강의와 유튜브가 익숙한 학생들에게 화면 속 교수님은 효과적으로 지식을 전달하는 능력만 갖추면 될 뿐이다. 강단에 서서 학생들을 내려다 보며 '내가 너희 선생님이야'라는 자세로 일관해온 선생님의 권위가 흔들리게 되었다. 자신은 권위가 있던 게 아니라 권위적인 사람이었을 뿐임을 물리적 강단을 벗어나서야 깨닫게 된 것이다.

국제적 권위를 자랑하는 학회들도 유튜브와 팟캐스트를 통해 정보를 전달하는 시대다. 이 시대의 선생님은 더 높은 위치에 머물지 말고 동등하게 지식을 나누는 전달자의 역할을 해야 한다. 비단 선생님만의 과제가 아니다. 권위를 매개로 움직이던 기존의 모든 집단에서 일어날 변화다. 온라인은 권위를 무너뜨리는 매개체가 될 수도 있고, 전문적인 지식과 권위를 모두와 나누는 장이 될 수도 있다. 이미 일어나고 있던 이 변화가 코로나를 계기로 급물살을 타고 있다. 회식 없이는 리더십도 없다고 믿는 상사들은 언젠가부터 회식이 싫다는 직원들의 내색에 당황하기 시작했다. 상사들은 밀레니얼 세대의 마인드가 이해되지 않아 고개를 내저었지만, 한동안은 권위를 내세워 회식도 등산도 관철시킬 수 있었다. 그러나 코로나 이후 회식을 강권하는 문화는 폐기되는 수준으로 사라지고 있다. 기존의 사고방식과 새로운 사고방식이 충돌 끝에 새로운 사고방식으로 수렴되는 모양새다.

상사는 회식 없는 리더십을 모색해야 하고, 선생님은 권위 없는 지식 나눔을 해야 한다. 새로운 방식을 어떻게 습득할지 난감하다면 가족의 변화에서 힌트를 얻기 바란다. 가부장적 권위로 유지되던 대한민국의 가족관계가 오늘날 어떻게 변화하고 있는지 이해하면, 우리 조직의 관계설정을 다시 그려볼 힌트를 얻을 수 있지 않을까?

대한민국에서 가족은 언제나 중요한 타깃이다

1인 가구의 증가가 가족의 해체를 의미하는 것은 아니다. (반려동물을 포함해) 우리 가족의 화목한 장면은 모두에게 와 닿는 장면이다.

새로운 화목의 장면, 새로운 화목의 증거가 돼라

화목은 매달 의무적으로 만나는 밥상머리에 있는 것이 아니다. 혼자의 시간을 보내고, 서로의 시간을 지켜주며 만들어가는 우리 가족만의 루틴으로 화목을 만들어간다. 당신의 브랜드는 새로운 화목을 도울 수 있는가? 화목한 장면에 잘 어울리는 오브제로서 존재하는가?

수평적 관계의 진화, 가족에게서 배워라

가족은 수직에서 수평적으로 빠르게 변화했다. 고용관계, 사수관계, 사제관계 등 여타 사회적 관계들도 가족관계의 빠른 변화를 좇아야 한다. 기민하고 수평적인 체계와 커뮤니케이션을 갖추지 않으면 도태될 것이다.

디지털 플랫폼에 권위란 없다

비대면으로 갈수록 관계는 수평적이 된다. 디지털 커뮤니케이션의 시작을 주저하거나 소비자 위에서 커뮤니케이션하다간 '디지털 꼰대'가 될 뿐이다.

소비자에게 보여주는 모습과 조직원을 대하는 태도는 일치해야 한다

바깥에 보여주는 브랜드의 가치와 회사 구성원을 대하는 태도는 일치해야 한다. 그것이 우리 브랜드의 본질이며, 떳떳한 커뮤니케이션이다.

Chapter 5.

신뢰를 얻는
방식의 변화

조민정

단골 플랫폼, 좋아하는 유튜버가 주는 정보라도
우리는 100% 신뢰하지 않는다.
먹방 콘텐츠를 보면서 그 음식점의 정보를 찾고,
뷰티 콘텐츠를 보며 그 제품의 성분과 다른 후기들을 확인한다.
정보를 주는 사람은 믿을 만하다고 생각하지만
정보는 완벽하게 믿지 않겠다는 태도다.

세로로 보는 유튜브 : 정보의 비대칭을 극복하는 법

대중교통에서 영상 보는 사람들의 휴대폰 방향을 유심히 살펴보자. 가로로 보는 사람이 있고 세로로 보는 사람이 있다. 당신이 눈치챘을지 모르지만 보는 방향에 따라 몰입도가 다르다. 가로로 보는 사람은 집중해서 보고, 세로로 보는 사람은 댓글창을 훑으며 보거나 팝업으로 영상을 띄워두고 다른 일을 하며 대충 보는 경향이 있다. 어느 쪽이 소위 '요즘 세대'일 것 같은가? 당연히 후자다. 소셜 데이터로도 쉽게 확인할 수 있는 내용이다.

오른쪽 도표에서 볼 수 있듯이, 40대에 비해 10대와 20대는 무언가를 '세로'로 본다고 더 많이 말한다. 이들은 왜 휴대폰을 세로로 보는 것일까?

우선 틱톡이나 유튜브 세로 콘텐츠처럼 세로 프레임이 떠올랐다는 이유가 가장 크다. 일명 '초통령'이라 불리는 샌드박스 '도티'의 집에 모니터용으로 삼성 '더 세로'가 있는 모습이 화제가 된 적이 있다. 어른들의 눈에는 '저런 것도 있네' 정도의 감흥이겠지만 어

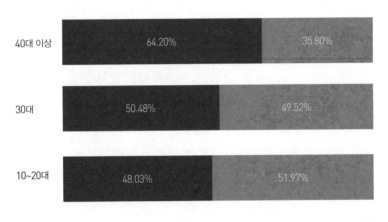

〈'보다' 연관 세대별 '가로' vs. '세로' 언급 비중〉

■ 가로 ■ 세로

40대 이상	64.20%	35.80%
30대	50.48%	49.52%
10~20대	48.03%	51.97%

출처 | 생활변화관측소, 블로그 · 커뮤니티, 2017.01.01~2020.08.31

린이들을 대상으로 콘텐츠를 만들어야 하는 도티에게 '세로'는 자신의 구독자들이 사랑하는 프레임이기에 반드시 만들어야 하는 콘텐츠 포맷일 것이다. 틱톡이 10대의 영상 콘텐츠를 지배한다는 사실은 그 10대들이 성장한 미래에는 세로 프레임이 더 퍼져나갈 것임을 예측하게 한다.

이처럼 세로 콘텐츠는 그 자체로 새롭고 매력적인 요소다. Z세대의 새로운 문법을 이해하기 위해서는 전통적인 가로 프레임에서 벗어나 세로 프레임을 명확히 이해해야 한다. 하지만 우리가 더 주목해야 할 대상은 가로 콘텐츠도 굳이 세로로 보는 사람들이다. 이들의 특징은 영상 보는 것 외에 다른 일을 동시에 하고 있다는 점이다. 먹방 콘텐츠를 보면서 그 음식점의 정보를 검색하고, 뷰티 콘텐츠를 보며 그 제품의 성분과 다른 후기들을 찾아보고 있다. 콘텐츠를 시청한 후 시간을 두고 정보를 탐색하는 것이 아니라, 콘텐츠 소비와 동시에 정보의 진실성, 콘텐츠 반응 등을 검증하는 것이다.

이를 보며 기성세대는 스마트폰이 보급되면서 한 콘텐츠에 오래 집중하지 못하게 됐다고 혀를 찰지 몰라도, 실상은 효율적으로 정보를 수집하고 판단하는 현대인의 소비 모습에 가깝다. 즉 세로로 된 프레임 내에서 필요한 정보를 얻고자 하는 어린 소비자들은 눈앞의 콘텐츠를 함부로 신뢰하지 않고 최대한 다양한 채널, 다양한 리뷰를 통해 검증하고자 하는 까다로운 소비층이라 할 수 있다.

기업이 앞으로 만나게 될 소비자들 역시 '휴대폰을 세로로 드는' 사람들이다. 정보를 받아들이는 데 거침없고 동시에 여러 정보를 비교할 줄 아는 사람들. 똑똑하게 필요한 것을 찾아가지만 한 가지만 고집하지 않고 최적의 콘텐츠, 브랜드를 따지는 사람들이 바로 우리가 잡아야 할 소비자다.

취향 공동체를 떠도는 유목민들

'유목민'이라는 말은 이제 어느 산업군에도 낯설지 않은 키워드다. 한 브랜드에 충성하기보다 필요에 따라 이동하고, 자신의 변덕(?)을 적극적으로 알리는 유목민들은 사실 모든 브랜드가 정착시키고 싶어 하는 고객군이기도 하다. 그러한 유목민의 특성을 꼽자면, 무엇보다 스스로를 '민감하다'고 말한다는 것이다. 예민하고 민감해진 소비자에 대해서는 이미 《2020 트렌드 노트》에서 다룬 바 있다. 개인이 소중해지고 예민해진 소비자들은 자신의 까다로운 취향과 만만치 않은 상황에 맞는 제품과 서비스를 찾아 헤맨다. 실제로 자신을 '유목민'이라 칭하는 사람들은 최근 4년 6개월 사이 무려 24배 증가했다.

유목의 영역은 화장품에서 시작해 생활용품과 건강용품으로 퍼져갔고, 이제는 산업 전반으로 확장되고 있다. 한때 사람들은 내가 이 브랜드, 이 제품의 '팬'임을 자처했다. 그런데 이제는 정착지 없이 '유목'한다고 말한다. 왜 굳이 그렇게 말할까? 취향과 보는 눈이 까다로운 소비자임을 알리려는 것이다. '유목민'이라는 단어에는 하루 빨리 '정착템'을 찾고 싶다는 바람만큼이나 '나는 까다로운 안목을 가진 소비자'라는 의미가 담겨 있다. 이들은 까다로운 만큼 의심도 관련 지식도 많으며, 이를 바탕으로 더 좋은 제품, 더 좋은 서비스, 더 좋은 콘텐츠를 찾아 끊임없이 검증한다.

이런 소비자들이 단편적인 정보나 광고에 혹할 리 없다. 혹여 잠깐 마음이 흔들렸어도 홍보 내용을 검증할 다른 기준을 찾아낸다. 립스틱 광고에 낚일 뻔하다가도 이내 서로 다른 리뷰어들의 발색을 보고, '화해' 어플에서 성분을 보고, 구매후기까지 찾아본 후 그중 딱 하나를 산다. 그렇다고 해서 그 제품에 정착하는 것도 아니다. 더 좋은 제품, 나에게 더 잘 맞는 제품이 있다면 얼마든지 이동

〈'유목민' 언급 추이〉

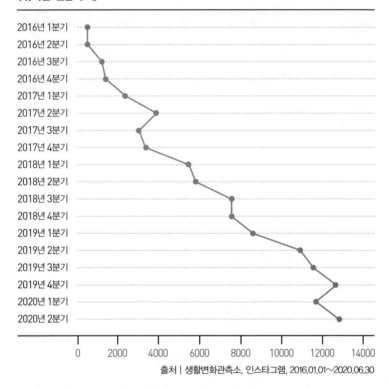

출처 | 생활변화관측소, 인스타그램, 2016.01.01~2020.06.30

할 마음의 준비가 돼 있다.

　유목의 욕망 또한 다양한 분야로 넓어지고 다양한 언어로 변모하고 있다. 유목을 표현하는 또 다른 언어는 '환승'이다. 기존에 쓰던 브랜드나 제품 말고 다른 선택을 하는 '환승 소비'는 가전이나 쇼핑 중심의 키워드에서 최근 2년간 메신저, 음악 스트리밍, 서점, 영상 콘텐츠 등 콘텐츠 서비스 전반으로 확장되었다.

〈'환승하다', '갈아타다' 연관 브랜드 카테고리 순위〉

	2017~18년			2019~20년(~8월)	
	브랜드 카테고리	언급량		브랜드 카테고리	언급량
1	음악 스트리밍	13,133	1	음악 스트리밍	16,483
2	모바일	9,988	2	모바일	11,882
3	가전	3,412	3	메신저	10,572
4	서점	3,283	4	통신사	3,709
5	쇼핑채널	3,131	5	가전	3,176
6	음료	2,852	6	음료	2,738
7	메신저	2,331	7	생리대	2,492
8	통신사	1,240	8	영상 콘텐츠	1,943
9	주류	1,131	9	툴	748
10	툴	873	10	주류	691
11	영상 콘텐츠	669	11	SNS채널	662
12	카메라	611	12	서점	566
13	SNS채널	500	13	검색 서비스	318
14	뷰티	461	14	뷰티	277
15	식품	455	15	카페	268
16	검색 서비스	415	16	패션	250
17	카페	408	17	항공사	246
18	항공사	350	18	금융	246
19	금융	326	19	명품	218
20	명품	295	20	식품	208

출처 | 생활변화관측소, 트위터·블로그·커뮤니티, 2017.01.01~2020.08.31

영화, 음악 등으로 대표되는 콘텐츠야말로 자신의 까다로운 취향을 가감없이 드러낼 수 있는 영역이다. 오늘날 콘텐츠 플랫폼이 사람들의 '취향 공동체'로 기능할 수 있는 이유다. 그런데 끈끈할 것같은 취향 공동체에서도 소비자는 언제든 자신에게 더 유리한 플랫폼으로 갈아탄다. 정답 브랜드, 한 플랫폼에 대한 충성은 사라졌고, 시너지 효과가 난다면 경쟁 플랫폼을 함께 사용하는 것도 자연스럽다. 왓챠가 자신들의 서비스를 '왓챠피디아'와 '왓챠'로 분리하고 넷플릭스를 포용하기 시작한 데에는 이유가 있는 것이다.

"아 바이브 프로모션 끝나서 멜론으로 갈아탔는데 음질 구려… 바이브 가격대가 있어가지고 100원 프로모션에 혹해서 갈아탔는데 조절해서 들어야 들어줄만하네… 플로 괜찮나"
"영화 넘 길어서 드라마 좋아하니까 넷플 딱히 많이 볼 거 없어가지고… 왓챠로 갈아탐 지상파 한드야 웨이브 보면 되고 왓챠가 은근 드라마 잼는 거 많음 질리면 넷플 가고 왔다갔다 하면 되지 뭐"

사람들이 환승하는 요인은 지극히 사소하다. 가격이 저렴해서, 내가 찾는 제품이 있어서, 이벤트가 자주 열려서… 아주 작은 요인에도 사람들은 망설임 없이 기존 플랫폼을 떠날 준비가 돼 있다.
그러나 한편으로 우리는 팬덤이 공고한 몇 가지 플랫폼을 알고있다. 정보를 끊임없이 검증하고 의심하는 소비자들이 팬덤을 견고히 형성하기까지 어떤 일이 있었을까? 그런 플랫폼은 어떻게 유목

〈성공하는 쇼핑 플랫폼의 정체성〉

	무신사	아이디어스	마켓컬리	당근마켓	오늘의집
시그니처 콘텐츠	구매후기	핸드메이드	장바구니 인증 #온더테이블	거래 채팅 내역	온라인 집들이
부르는 이름	레벨(ex. 브론즈, 실버 / Lv.1, Lv.2…)	작가님/ 금손님	레벨 (ex. 컬리퍼플러)	당근러	오집러
로열고객 구분기준	세분화된 랭킹제도	VIP 클럽	적립금	거래온도 표시	–
신규고객 유입요소	게임 성격의 쿠폰	예쁜 제품과 작가에 대한 팬심	'컬리Only'와 할인 혜택	동네 중심 중고거래	예쁜 집 사진
중심고객층	로열	로열	로열	신규	신규

민들을 이끌어 정착시키는 것일까?

관계가 점점 느슨해지고 있다는 것은 《2020 트렌드 노트》에서부터 이야기해온 바이며, 플랫폼과 이용자의 관계도 예외는 아니다. 플랫폼이야말로 차세대 비즈니스 모델인 것처럼 이야기되지만 정작 사람들은 플랫폼에 쉽사리 정착하지 않는다. 까다로운 소비자들은 믿을 수 있는 브랜드/플랫폼인지 계속해서 검증하고 싶어 하고, 방법을 만들어낸다. 바람 불면 휙 날아갈 듯 가벼운 유목민 소비자들이 많아지는 오늘날, 브랜드는 어떻게 생명력을 유지해야 할까? 지속성 있는 관계를 만들어가는 플랫폼의 요소를 알아볼 필요가 있다.

까다로워진 소비자들은
브랜드와 플랫폼이 믿을 만한지
계속해서 검증하고 싶어 하고,
방법을 만들어낸다.

배타적인 고인물, 신뢰하지 않는 뉴비

'아는 사람은 안다'와 '아는 사람만 안다'는 미묘한 차이가 있다. 전자에 우리 플랫폼의 고도화된 취향을 남들이 알아줬으면 하는 마음이 담겼다면, 후자는 신규 멤버를 굳이 찾아야 할 필요를 못 느 낀다는 뉘앙스를 내포하고 있다. 팬덤이 공고한 쇼핑 플랫폼들은 공통적으로 '아는 사람은 아는' 플랫폼이자 '아는 사람만 안다'는 사실 자체가 매력이 되었다는 특징이 있다. 후자의 뉘앙스를 포함 한다는 것에서 알 수 있듯, 이들 플랫폼에는 로열고객과 신규고객 사이에 모종의 긴장감이 있다.

무신사의 세세한 랭킹제도(브론즈, 실버, 골드, 플래티넘…)와 마켓 컬리의 레벨별 차등혜택 제공은 기존 로열고객들이 타 플랫폼으로 쉽게 넘어갈 수 없게 만드는 핵심요소다. 플랫폼의 편애(?)에 부응 해 이들 고객은 꾸준히 양질의 후기를 올리고, 외부에 플랫폼을 홍 보할 수 있는 콘텐츠('#무신사인간', '#온더테이블' 등)를 만들어낸다. 로열고객의 애정은 신규고객들에게 플랫폼의 진정성을 믿을 수 있 게 하고, 그 자체로 콘텐츠가 되어 입소문을 만든다.

그러나 충실한 로열고객들이 만드는 정성스러운 콘텐츠는 가벼 운 마음으로 플랫폼을 기웃거리는 신규 소비자들에게는 약간의 심 적 장벽이 되기도 한다. 레벨이 낮아서, 저렇게 예쁘게 입거나 먹을 자신이 없어서, 저들처럼 될 수 없을 것 같아서 오히려 피하는 결과 도 낳는다.

그런 점에서 당근마켓과 오늘의집은 차별화 지점이 있다. 이들 플랫폼은 적극적으로 신규고객을 유치하기 위한 전략을 펼치지도, 그렇다고 로열고객에게 특혜를 제공하지도 않는다. 레벨 구분도 없다. 로열이든 신규든 이곳에서는 '당근러'와 '오집러'라 불릴 뿐이다. 신규고객이 처음 이용해도 기존고객들과의 거리감이나 소외감을 느끼지 않게 하는 것이다. 다행히 플랫폼의 초기 컨셉이 매력적이어서 누구나 부담 없이 들어와 구경하고 입소문을 타기는 좋았다. 그러나 애정과 충성과 진심을 담아 오랫동안 플랫폼과 함께하는 팬을 양성하기에는 모자란 느낌이 없지 않았다.

그러다 국면이 전환된 계기가 있었으니, 바로 코로나19다. 코로나로 많은 이들이 온라인 플랫폼에 유입되기 시작하면서, 플랫폼들은 그동안 추구해온 '적극적 팬덤 만들기'가 오히려 새로운 사람들이 들어오는 데 걸림돌이 될 수 있음을 깨닫고 있다. 충성도 높은 팬은 플랫폼의 정체성을 공고히 하고 초기 유인요소가 되기도 하지만 파이를 넓혀주는 일반대중, 즉 유목민들에게 장벽이 되기도 한다. 그리고 장벽이 높아질수록 로열고객과 신규고객 사이의 긴장감 있는 균형이 무너지며, 플랫폼은 지속성을 잃게 된다. 가장 경계해야 할, 일명 '고인물화'다.

"뭘 하든 고인물 많은 거 진짜 싫어 게임이든 고인물들끼리 결국 늅 배척하다 지들끼리 망함ㅋㅋ 글고 고인물 넘 많으면 머쓱하고 소외되는 분위기 생겨서 진입장벽도 결국 높아져"

로열고객은 플랫폼 바깥의 누군가에게 '고인물'이기도 하다. 그런 점에서 나의 플랫폼에 충성하는 로열고객은 양날의 검과도 같다. 고정적인 매출과 콘텐츠를 만들어주며 유목민들의 정착을 유도하는 존재이지만, 플랫폼에 벽을 세우고 다른 사람들의 진입을 막는 존재가 되기도 한다. 고인물이 없는 플랫폼은 사랑할 가치가 없어 보이고, 고인물만 가득한 플랫폼은 괜히 가까이 하고 싶지 않다. 이질적인 로열고객과 신규고객 사이를 어떻게 조율해야 할까? 로열고객이 활약하게 하되, 그들이 세운 장벽을 낮고 말랑하게 해 신규고객에게도 문이 활짝 열려 있음을 보여주는 것, 이것이 플랫폼이 풀어야 할 가장 중요한 과제일 것이다.

결국 플랫폼에 필요한 것은 적당한 줄다리기다. '고인물'과 '뉴비' 사이의 긴장감을 유지하며 균형을 맞추는 것은 계속해서 플랫폼을 굴러가게 만드는 톱니바퀴와도 같다. 유목민을 정착하게 하고 팬덤은 견고히 하는 미션을 어떻게 해결할 것인가? 이에 따라 플랫폼에 대한 사람들의 신뢰도가 결정되고, 플랫폼의 지속성이 판가름 날 것이다.

지속성의 조건 : 광고는 될지언정 거짓말은 안 된다

우리가 정보를 얻고 콘텐츠를 소비하는 플랫폼은 꾸준히 바뀌었다. 블로그에서 페이스북으로, 페이스북에서 인스타그램으로, 이제 플랫폼에 필요한 것은 적당한 줄다리기다.
'고인물'과 '뉴비' 사이의 긴장감을 유지하며
균형을 맞추는 것은
계속해서 플랫폼을 굴러가게 만드는
톱니바퀴와 같다.

인스타그램에서 유튜브와 틱톡으로 이동하고 있다. 이들 플랫폼에 올라가는 콘텐츠는 대부분 구매에 대한 '리뷰'다. 리뷰는 개별 플랫폼의 특성을 나타내는 요소인 동시에 플랫폼으로 사람들을 모으는 모객요소이기도 하다. 동시에 리뷰는 플랫폼이 다루기 가장 까다로운 콘텐츠다. 리뷰는 '실제 써본 사람들의 후기'이기 때문에 플랫폼이나 브랜드가 개입할 수도 없고, 개입해서도 안 된다. 리뷰는 플랫폼을 차별화하고 더 많은 사람들이 믿고 모이게 하는 요소이지만, 그렇게 쌓인 신뢰를 놓고 거래하는 순간 와르르 무너져 내리는 모래성 같은 존재이기도 하다.

대놓고 신뢰를 팔았다가 매체와 함께 몰락한 콘텐츠를 누구나 떠올릴 수 있다. 예컨대 〈겟잇뷰티〉가 TV와 함께 신뢰를 잃은 과정을 우리는 잘 안다. 처음에는 브랜드를 떼고 '찐으로' 좋은 아이템을 추천해주겠다며 블라인드 테스트를 통해 제품정보를 전달했다. '겟잇뷰티 블라인드 테스트 1위'가 신뢰의 상징이던 시절이 있었다. 그러나 〈겟잇뷰티〉가 PPL의 온상이라는 사실이 알려지고, '뷰티' 프로그램이라 할 수 없는 콘텐츠들이 '겟잇뷰티의 만행'이라는 콘텐츠가 돼 돌아다니기 시작하면서 프로그램에 대한 신뢰는 급격하게 하락했다. 사람들이 이미 등을 돌린 상황에서 뒤늦게 PPL 없는 코너를 만들었지만 시청자들은 돌아오지 않았다. 온갖 맛집 프로그램도 마찬가지다. 맛집이라면 으레 맛집 프로그램 인증이 있기 마련이지만, 콘텐츠 제작에 금전이 오간다는 사실이 알려진 이후 "아, 저거 다 광고야"라는 사람들의 한마디에 권위가 무너지고 말왔다. 이러한 콘텐츠의 몰락은 TV라는 매체에 대한 믿음의 몰락으로 이어졌다. 여러 콘텐츠에 속아온 젊은 소비자들은 더 이상 TV를 보지 않고, TV를 믿지 않는다. 한 번 금이 간 신뢰는 회복되기 어렵다.

이렇듯 광고성 콘텐츠 때문에 실로 다양한 매체와 플랫폼이 무너졌다. 대표적인 온라인 플랫폼은 페이스북이다. 페이스북의 정보를 곧이곧대로 믿는 젊은 소비자는 없을 것이다. 페이스북이 타깃 마케팅, 타깃 광고에 최적화된 플랫폼이라는 것은 누구나 실감하는 바다. 내가 원하는, 세부적인 특정 타깃에만 지속적으로 맞춤 광고를 제공할 수 있는 페이스북의 구조는 온라인 마케팅의 신세계를 열어주었지만 소비자들의 신뢰를 떨어뜨리며 가장 큰 패착요인이 되었다. 나에게 '맞춤'으로 뜨는 모든 추천 콘텐츠에 광고가 녹아 있거나 애초에 광고 콘텐츠였다는 사실을 알게 된 사람들은 빠른 속도로 다른 SNS로 빠져나갔다. 현재 젊은 세대에게 페이스북은 1 대 1 소통을 위한 메신저로만 남고 본래 SNS 기능이 거의 사라졌다는 것은 생각해볼 지점이다.

신뢰가 훼손돼 몰락한 플랫폼은 키워드를 통해서도 알 수 있다. 2010년대 초반의 '파워블로거지'라는 말은 2010년대 중반 '페북거지'가 되었고, 페북거지는 다시 '인스타거지'와 '인스타팔이'로 재탄생했다. 특정 플랫폼에 '광고꾼'을 지칭하는 키워드가 만들어지기 시작한다는 것은 그 플랫폼이 무너지고 있다는 신호이기도 하다.

    그러나 2020년의 분노는 기존의 광고에 대한 분노와는 성격이 조금 다르다. 사람들은 광고한다는 사실 자체에 분노하는 게 아니다. 광고라는 사실을 '숨기는 것'에 분노한다. 2020년 8월, 유튜브 인플루언서계를 흔들었던 사건이 있다. 바로 '뒷광고' 논란이다. 시작은 방송인 한혜연과 강민경의 '내돈내산' 콘텐츠가 PPL임이 알려지면서였다.[1] 얼마 지나지 않아 유명 유튜버들이 광고성 콘텐츠에 유료광고임을 고지하지 않은 채 진짜 후기인 것처럼 업로드해 왔다는 사실이 알려졌다. 물론 그 과정에서 왜곡된 정보가 유통되며 과장된 부분도 있지만, 핵심은 인플루언서가 구독자들의 '신뢰'를 배신했다는 것이다.

    사람들이 가장 분노한 지점은 '#내돈내산'이라는 키워드를 더럽혔다는 것이다. '유튜버러지'라는 말이 등장할 즈음, 사람들은 진짜 리뷰를 원하며 '#내돈내산'(내 돈 주고 내가 산 제품 리뷰)이라는 해시태그를 만들어 적극적으로 공유하기 시작했다. 체험단과 협찬이 넘쳐나는 플랫폼에서 사람들은 '#내돈내산'으로 후기의 진정성을 어필해왔다. '#제품제공'이라는 해시태그에는 광고주가 지정한 제품의 기능성을 '안심'과 '솔직함'으로 포장하여 '추천'한다는 의도가 담겼다면, '#내돈내산'은 '진심'으로 '사랑'을 담아 제품을 분석하고 애정하는 마음을 구체적으로 '간증'하는 키워드였던 것이다. 그렇기에 유명 셀럽이나 유튜버들이 '#내돈내산'을 걸고 업로드한

---

1) "내돈내산? 남돈내산!", 디스패치, 2020.7.15.

〈'내돈내산' vs. '제품제공' 언급 추이〉

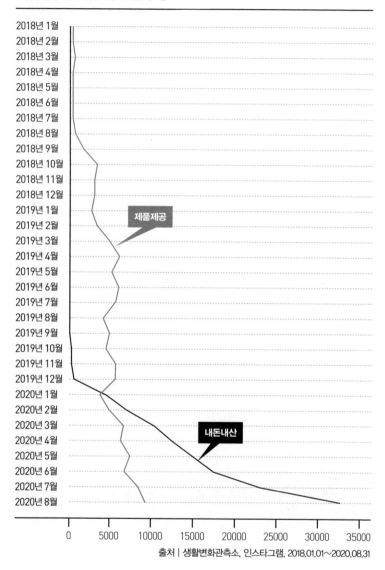

출처 | 생활변화관측소, 인스타그램, 2018.01.01~2020.08.31

콘텐츠는 더 신뢰했고, 이 키워드의 순수성에 기대어 그들을 믿어 왔다. 그런데 소비자들이 광고를 거르기 위해 자발적으로 키운 키워드마저 '광고쟁이'들에게 잠식당했다니, 소비자들의 분노는 당연한 것이었다.

"진짜 막 듣보업체인데 유튜브 볼 땐 자기가 샀다고 엄청 추천하고 너무 맛있게 먹었고 너무 맛있다면서 감탄하길래 그런 줄 알았음… 근데 내가 입맛이 다른가보나 라고 생각했지…ㅜㅜ 사기당한 기분도 들고 뒷광고 진짜 배신감…ㅜㅜ"
"헐 내가 보는 유튜버 ○○관련해서 뒷광고 있고 과거영상 많이 내려갔다는데 배신감 든다 협찬 없는 영상, 선한 영향력 이런 걸로 엄청 신뢰하는 유투버였는데… 걍 광고하지 그래도 봤을 건데 난"

사람들은 자신이 좋아하는 플랫폼과 인플루언서가 광고를 해서라도 돈을 벌어야 좋은 콘텐츠가 나온다는 사실을 잘 알고 있다. 여섯 살 어린이마저 유튜브 구독채널에 "언니가 돈을 많이 벌었으면 좋겠어서 광고 다 봤어요"라는 댓글을 달고, 퀄리티 좋은 콘텐츠에 달린 "이걸 무료로 보는 것이 미안해서 프리미엄 해지해야 할 것 같다"는 댓글에 자연스럽게 공감하는 시대다. 사람들이 원하는 것은 진짜 이야기를 하는 콘텐츠와 광고 콘텐츠를 명확하게 구분하는 것이다.

〈디스패치〉가 뒷광고 관련 보도를 하면서 방송인 김나영의 콘텐츠도 문제삼았을 때, 사람들은 '김나영은 다르다'며 나서서 그를 변호했다. 김나영의 '입어만 볼게요' 콘텐츠는 대놓고 협찬을 바라고 있는데 무엇이 문제냐는 식이었다. 그와 동시에 김나영의 '내돈내산' 콘텐츠에서 '사용감 있는' 장면을 캡처하여 그의 무고함을 적극 옹호하고, 괜한 오해로 자신의 즐거움을 빼앗지 말라고 항의하기도 했다.

유튜버 역시 마찬가지다. '뒷광고' 논란에서 자유로운 유튜버들 중에는 아예 광고를 하지 않는 유튜버도 있지만, 광고는 확실하게 광고라고 말하기 때문에 '저 사람은 앞광고를 하지 뒷광고는 하지 않는다'고 구독자들이 나서서 옹호해주는 유튜버도 있다. '입짧은햇님'은 구독자들이 "우리 언니는 앞광고를 해요"라고 말하는 대표적인 사례. 꾸준히 광고 콘텐츠는 광고라 밝히며 채널을 운영해온 '입짧은햇님' 채널은 뒷광고 사태 이후 진정성을 인정받아 구독자와 실시간 시청자가 폭발적으로 늘어 주목받았다. 그가 광고 고지를 하고 진행한 위메프 '어디까지 팔아봤니2'에서는 소비자들이 나서서 약 90분간 30억 원어치의 물건을 팔아주어 화제가 되기도 했다.

한혜연과 김나영의 차이는 어디서 오는 것일까? 입짧은햇님 팬클럽 '햇싸리'들의 구매력은 어디서 나오는 것일까? 광고도 콘텐츠가 될 수 있음을 인정해주는 시대, 콘텐츠를 넘어 기업/브랜드에 대한 사람들의 '신뢰'는 어디에서 오는지 고민해볼 필요가 있다.

신뢰가 향하는 곳 : 〈수요미식회〉보다 네이버 영수증 리뷰

다시 세로로 유튜브를 보는 이들, Z세대에게로 돌아와 보자. 플랫폼의 주요 이용자인 이들은 제품을 구매할 때 과연 어떤 리뷰를 신뢰할까? 이와 관련해 최근 흥미로운 조사가 있었다. 대학내일20대연구소에 따르면 Z세대는 맛집을 갈 때 해시태그 검색이 아니라 믿을 만한 사람을 팔로우하고, 포스트를 저장한다. 그러고는 '네이버 영수증 리뷰'와 '구글맵 리뷰'를 통해 실제 돈을 내고 구매한 소비자들의 후기를 통해 정보를 검증한다.[2]

여기서 우리가 주목할 지점은 두 가지다. 첫 번째, 사람들은 이미 자연스럽게 '교차 검증'을 하고 있다는 사실이다. 내가 자주 가는 플랫폼이고 내가 좋아서 팔로우하는 계정일지라도 그들의 정보를 100% 믿지는 않으려는 태도를 엿볼 수 있다. 구독 중인 뷰티 유튜버가 좋다고 추천한 제품도 화장품 어플에 들어가 나에게 맞는 성분인지 한 번 더 확인하고, 팔로우하는 인스타그래머가 홍보하는 쇼핑몰의 옷도 실제 구매후기를 읽어보고 소재와 핏을 다시 한 번 검증해야 하는 사람들인 것이다. 상대방은 믿을 만하다고 생각하지만, 정보는 완벽하게 믿지 않겠다는 태도다.

두 번째, 검증된 개인을 기준으로 삼지 않고 객관적이고 확실한 기준을 원한다는 것이다. 여기서 우리는 인플루언서 개인의 안목에

---

2) 대학내일20대연구소, "요즘은 유튜브에 검색해보고 산다면서요?", 대학내일, 2020.6.12.

의존하는 행태는 점점 사라질 것이라 예측할 수 있다. 믿을 만한 사람인지 꼼꼼히 따진 후에도 구매 영수증 같은 것을 통해 그들이 주는 정보의 객관성을 확보하고자 한다.

따지고 보면 '구매 인증'과 '후기 검증'은 새로운 이야기가 아니다. 이미 몇 해 전부터 다양한 커뮤니티에서 바이럴 콘텐츠를 걸러내는 방법으로 '영수증 첨부'는 필수항목이 되었다. 달라진 것은 알 수 없는 누군가가 제시하는 구매 인증을 곧바로 믿는 게 아니라, 믿을 만한 인물이 알려준 정보를 익명의 인증을 통해 재확인한다는 것이다.

이는 맨 앞에서 이야기했던 '세로 보기의 교차 검증'과도 맥락이 일치한다. 세로 보기의 가장 큰 특징은 '실시간 검증'이다. 그리고 Z세대의 추천에서는 애초에 정보제공자가 먼저 신뢰의 기본자료(유명세 혹은 영수증)를 제공한다. 내가 영수증을 첨부한다고 해서 상대방이 단박에 내 말을 믿어줄 거라 기대하는 것은 아니다. 상대방은 그들대로 추가 검증을 할 것이고, 나는 내 정보에 신뢰를 더하고 검증단계를 하나 줄여줄 뿐이다. 흥미로운 점은 검증하는 단계를 하나 줄여주는 것이 나의 신뢰를 더해준다는 사실이다. 검증과 신뢰의 기묘한 순환구조가 만들어지는 것이다.

이러한 심리를 잘 파고든 것이 바로 '뉴스레터'다. 최근 국내에도 다양한 뉴스레터 서비스가 론칭되고 있다. 드넓은 정보의 광장에서 스스로 키워드를 지정해 정보를 찾아야 하는 소셜미디어 세계와 정반대로 뉴스레터는 사적인 커뮤니케이션 감각을 표방한다. 관심 있는 주제를 설정하면 그에 맞춘 흥미로운 소식을 개인 이메일로 전달해줌으로써, 전문가의 믿을 만한 정보를 제공하고 검증은 구독자에게 맡기는 Z세대식 구매행태 프로세스를 충실히 따른다.

"바쁘더라도 시야를 넓게 가지고 싶어서 짬짬이 읽고 있는데 넘 좋아 자투리가 모여서 큰 힘이 되기도 하고 내가 찾기 어려운 전문 정보들 공짜로 앉아서 받아먹을 수 있어서 넘넘 좋아"
"뉴닉 구독 시작했는데 상식 풍부해지고 세상 돌아가는 거 이해되는 느낌이야ㅋㅋ 내가 찾아보기 귀찮고 어려운 것들 꼼꼼하게 정리해서 메일로 보내주니까 오며가며 읽으면서 머릿속에 차근차근 쌓이는 느낌! 다른 뉴스레터들도 찾아볼라구ㅋㅋ"

이 글을 쓰고 있는 필자 역시 뉴스 정보를 전달하는 '뉴닉' 외에도 Z세대 트렌드를 전달하는 '캐릿', 음악을 추천해주는 '오디티 스테이션', 새로운 제품이나 서비스를 추천해주는 '까탈로그', 빵집과 빵 정보를 제공하는 '빵슐

필자가 구독 중인 뉴스레터 리스트

랭 가이드' 등 15개 이상의 뉴스레터를 구독하고 있다. 새로운 정보는 전문가들이 걸러주는 뉴스레터에서 얻고, 괜찮은 제품이 눈에 띄면 다른 방식으로 한 번 더 검증해 구매하는 방식으로 세상을 다양하게 바라보고자 한다.

뉴스레터는 우리가 지금껏 말해왔던 '믿을 만한 사람'인지 따지는 과정을 줄여준다는 점에서 주목할 만한 방식이지만, 기존 플랫폼을 파괴하는 존재로서도 눈여겨보아야 한다. 언론사 플랫폼에 들어가야만 얻을 수 있었던 정보를 뉴닉은 1대 1 이메일 소통방식으로 제공하고 있으니 말이다. 기존의 플랫폼은 뉴스레터식 소통에 어떻게 대응해야 할까?

뉴스레터의 사례에서 알 수 있듯이, 사람들은 우리 콘텐츠를 읽기 위해 우리 플랫폼만 이용하지 않는다. 플랫폼을 하고 있거나 하고자 한다면 가장 먼저 생각해야 할 지점이다. 완벽하게 내 플랫폼에 충성하는 고객은 이제 없다는 것을 알아야 한다. 내 플랫폼의 정보는 언제 어디서건 열람될 수 있고 심판대에 오를 수 있다.

그러니 한 발짝 앞서나가기 위해서는 인플루언서 개개인에 집중하고 의존할 것이 아니라, 인플루언서 및 개인들의 '객관성'을 잡아줄 요소를 선점해야 한다. 특히 코로나로 비대면 시대가 본격화되면서 '신뢰할 수 있는 기준'은 그 자체로 중요한 판단의 요소가 되었다. 이 신뢰의 기저에는 '내가 이용하는 이 플랫폼과 기업이 얼마나 진정성 있는가?'라는 가치판단이 숨어 있다.

'진정성'이라는 키워드는 그간 너무 많이 소비된 터라 이제는 주장할수록 '덜 진정한' 느낌을 줄 지경이 된 것도 사실이다. 그럼에도 플랫폼 사용자들을 통해 보건대, 진정성의 존재가치는 여전히 유효하다. 플랫폼 이용자를 통해 본 이 시대의 진정성은 '정직함'에서 시작한다. 진정성을 흉내 내거나, 어설프게 포장하려는 시도는 금방 들키고 만다.

최근 Z세대에게 유행하는 어플 중 하나가 '젠리'(Zenly)다. 나의 위치를 모두에게 실시간 공개하는 어플리케이션이다. 페이스북 메신저로 실시간 접속 여부를 따지는 것도 모자라, 자발적으로 자신의 위치와 머문 시간, 이동 여부를 알려준다. '나 지금 학원이야', '나 거의 다 왔어'라는 거짓말이 존재할 수 없는 투명한 데이터 공개의 세상이다. 10대들에게 '그걸 대체 왜 해?'라고 물으면 백이면 백 '그냥'이라고 대답한다. 이미 일상적이고 당연해서 굳이 이유를 고민하지도 않을 정도가 된 것이다. 또한 이들은 코로나19라는 팬데믹을 겪으며 가장 '투명하게 데이터를 공개'하는 질병관리본부를 경험했다. 그렇게 공개된 데이터가 어떻게 활용되는지 눈으로 보았고, 그러한 '투명함'이 얼마나 중요한지 가장 먼저 체득한 세대다. 일상에서 '투명한 진실'을 원하고 가감 없이 드러내는 데 거리낌 없는 Z세대는, 브랜드에도 그러한 솔직함을 원하지 않을까?

아직까지는 플랫폼과 제품에 달린 리뷰 개수, 인플루언서에 대한 신뢰가 브랜드의 진정성을 판단하는 기준으로 자리하고 있다. 그러나 사람들이 말하기 시작한 '객관적 기준'은 누군가의 주관적 가치판단이 가급적 개입되지 않은 날것(raw data)에 가까운 기준을 의미한다. 어쩌면 이런 일은 인간보다 AI가 더 능할지도 모른다. 앞으로 AI는 플랫폼에 필요한 정도를 넘어 필수요소가 될지도 모른다. 《2020 트렌드 노트》에서 플랫폼을 포함한 모든 브랜드는 '인간화'되어야 한다고 했다. 인간의 얼굴로 소비자에게 다가가고 관계 맺어야 한다고 했다. 《2021 트렌드 노트》에서는 '솔직한 인간'이 되어야 하며, 그 '솔직함'을 충분히 증명할 수 있어야 한다고 말하고 싶다.

이 시대의 진정성은 '정직함'에서 시작한다.
진정성을 흉내 내거나
어설프게 포장하려는 시도는 금방 들키고 만다.

소비자들은 똑똑해졌고 의심이 많아졌다

콘텐츠를 꼼꼼하게 검증하는 것이 당연하고 익숙한 시대다. 정보습득이 빠른 소비자들은 브랜드와 플랫폼을 끊임없이 의심하고 교차 검증한다. 인플루언서에 기대지 않고 당신이 믿을 만한 존재임을 증명할 방안을 고민해야 한다.

차별성을 얻는 가장 쉬운 통로, 리뷰를 잡아라

소비자들의 리뷰는 진정성을 보여주는 가장 쉬운 방법이다. 제품 제공 리뷰를 올리거나 자체 콘텐츠를 매력적으로 만드는 것도 좋지만, '내돈내산'을 더럽히지 않고 소비자들이 자발적으로 진정성 있는 리뷰를 작성할 수 있게 지원해주는 것이 더 나을지도 모른다.

흉내 내는 진정성은 금방 들킨다

내 입으로 진정성을 포장하여 어물쩍 넘어가려는 시도는 금물이다. 사람들은 거짓말을 금방 알아차린다. 거짓 진정성에 지친 사람들은 진정성을 넘어 정직함을 원하고 있다. 말로만 하는 진정성은 오히려 플랫폼을 떠나게 할 뿐이다.

Part 3.
코드의 변화

Chapter 6.

온라인 게임이 바꾼
오프라인의 사고방식

—————— 정석환 ——————

17년 전 남들보다 한 발, 아니 두 발쯤 앞서 비대면으로
거대하게 연결되었던 메이플스토리의 아이들이 체득한 사고방식은
이제야 비대면의 삶을 경험하기 시작한 집단에게 커다란 힌트를 준다.
비대면 사회에 적응하기 위해서라도, 새로운 소비자이자 동료로서
레이트 밀레니얼을 이해하기 위해서라도,
기성세대는 게임의 문법, 게임의 사고방식을 배워야 한다.

온라인 게임, 비대면 시대의 교본이자 로드맵

유년기부터 손안에 스마트폰과 함께 자라온 Z세대는 기존 세대와 사고방식이 다르다는 것이 인지된 후 매력적인 연구대상으로 이곳저곳에서 스포트라이트를 받고 있다. 그런데 그에 앞서, 밀레니얼 세대(1980~95년생)라는 거대한 명칭에 가려 미처 분석되지 못한 채 어른이 되어버린 세대가 있다. 스마트폰 세대보다 먼저 사회에 진출해 기존과는 전혀 다른 소비행태를 보일 그들의 이야기를 하려고 한다. 1990년 이후에 태어난 레이트 밀레니얼(late Millennials) 이야기다.

어릴 때부터 게임에 노출된 이들이라면 저마다 '인생 게임'이 있기 마련이다. 레이트 밀레니얼에게 어린 시절을 대표하는 게임이 무엇이냐고 물어본다면 열에 아홉은 '메이플스토리'를 꼽을 것이다. 누적회원이 1800만에 근접하는 메이플스토리는 명실상부 넥슨의 대표 게임이자 여전히 활발히 서비스 중인 게임이다.

2003년 첫 선을 보인 메이플스토리는 레이트 밀레니얼의 기억 속 최초의 온라인 게임이기도 하다. 전국에 깔리기 시작한 초고속 인터넷 망을 기반으로 당시 (초등)학생들은 이 게임을 통해 처음으로 물리적 제한을 초월해 나이, 신분, 직업을 모르는 어마어마한 다수를 만나 소통하고 사회를 만들어가는 경험을 했다. 오프라인의 주입식 삶에서 해방된 이들은 내가 선택한 나를 창조하고 게임 속 삶에 걸맞은 새로운 예의와 규범을 다수와 합의해가며 구축했다.

"초등학교 때 했던 메이플스토리는 게임이라기보다는 모험이나 여행에 가까웠던 것 같다. 퀘스트 하나하나 깰갈 때, 새로운 마을에 도착했을 때 그 짜릿함과 설렘"

문득 17년 전 메이플스토리의 추억이 떠오른 이유는, 지금 우리 사회의 삶이 게임 속 삶을 닮아가고 있기 때문이다. 게임의 용어가 일상용어가 되고, 게임의 규범이 사회의 규범이 되고, 게임의 성공기준이 사회의 성공기준이 되고 있다. 이는 당연하게도 게임에 기반한 사고를 지닌 세대가 사회의 새로운 어른이 되었기 때문이기도 하고, 코로나 바이러스라는 대단한 촉매가 개입했기 때문이기도 하다.

코로나 바이러스라는 변수를 겪으며 우리는 삶의 초석이 흔들리는 경험을 하고 있다. 만나야 했기 때문에 만나오던 오프라인 지인들, 그들이 내 삶에 의도적으로든 무의식적으로든 행사하던 영향력이 약해지는 것을 실감한다. 한편으로 취미와 관심사를 공유하는, 내가 선택한 모임 속 지인들과는 더 열심히 어울린다. 상사, 선배를 비롯해 학연, 지연 등 내가 전적으로 합의한 적 없는 인연은 게임에서 '친구 차단'하듯 밀어내지만, 평생 만날 일 없을 유튜버와 인스타그램 스타와는 자발적으로 가까워지고, 물건 살 때는 추천을 받고 상품평을 훑어가며 신뢰할 만한 거래자를 선택하고 후기를 남기는 등 구매의 전 과정에 영향력을 행사한다. 인스타그램에서는 취미용 부계정을 만들어 지인들도 모르는 페르소나로 나름의 새로운 삶을 살아가기도 한다.

이런 최근의 비대면 일상은 메이플스토리의 삶과 제법 비슷하지 않은가? 내가 원해서 선택한 것들만 내 삶에 허용한다. 그렇게 추가된 모든 관계는 불편한 관습이 사라진, 각자 맡은 역할에 따라 맺어지는 관계일 것이다. 이는 2000년대 초 온라인 게임이 나오면서 게이머들이 처음 맛본 관계이기도 하다. 게임에서는 다수의 사람과 연결되지만, 오프라인 세계에 비일비재하던 불필요하고 때로는 불쾌했던 온갖 영향력에서 벗어나 하나의 관심사를 중심으로 소통하면 된다.

그 시절 메이플스토리라는 거대한 만남을 통해 이 땅에 자리잡기 시작한 게임의 속성은 무엇이며, 우리 사회에 어떻게 스며들었을까? 이름과 신분을 숨기고 가상의 가면을 쓰고 있는 것 같지만 자기 캐릭터에서 진정성을 추구하고, 규칙과 역할을 만들면서도 개방적인 소통을 하는 세대, 이들의 특징을 4가지로 정리해볼 수 있다.

1. 리셋(reset) : 이용자, 끝없이 관두고 계속 시작한다

마미손, 유두래곤, 린다G, 비룡 등 2020년 방송가는 '부캐' 전성
시대였다. 연예인들은 자신의 본래 캐릭터를 잠시 넣어두고 새로
운 이름과 컨셉을 내세운 서브 캐릭터로 활동했다. 사실 서브 캐릭
터로 활동하는 것이 새로운 현상은 아니다. 그런데 여기에 '부캐'
라는 찰떡같은 이름을 붙임으로써 국민놀이를 넘어 하나의 마켓으
로 격상(?)시킨 이들이 다름 아닌 레이트 밀레니얼이다. 부캐라는
용어 또한 새로운 게 아니다. 게이머가 최초의 캐릭터로만 줄곧 플
레이하는 것은 상상하기 힘들 정도로 레이트 밀레니얼들에게 부캐
생성은 당연시되어 왔다. 디지털 세계에서 당연시되고 방대하게 행
해지던 것이 이제야 오프라인에서 조명받았을 뿐이다.

부캐를 만드는 이유는 크게 두 가지다. 첫 번째는 본캐, 즉 나의
첫 번째 캐릭터를 키우며 겪은 시행착오와 실패 경험을 반영해 더
나은 캐릭터를 만들기 위해서고, 두 번째는 '재미'다. 처음일 때 맛
보는 좌충우돌의 재미와 달리, 이해도가 충분히 높아진 환경(게임)
에서 인생 n회차를 살아가는 재미와 성취감은 경험해본 사람만이
알 것이다.

여기서 중요한 점은 부캐를 만들면서 내가, 내 안에서, 나를 끊임
없이 공부하고 연구하고 시도해본다는 것이다. 이 모든 것은 나의
선택으로 이루어지고 즐거움을 낳는다. 내 캐릭터만 바뀌는 것이
아니다. 새로운 목적 하에 내 부캐를 만들면서 자연스레 나를 둘러
싼 환경과 세계관도 내 뜻대로 바꾸고 구현해본다는 것이 중요하

다. 부캐는 내가 선택한 새로운 우주에서 불확실성을 즐기며 새로운 즐거움을 찾아가는 여정이다.

레이트 밀레니얼들은 '경험'이라는 무형의 가치만 전리품으로 삼고, 제로에서 시작하는 부캐로 언제든 '리셋'할 준비가 돼 있다. 게임에서만 그럴까? 평일엔 한 회사의 사원으로 살아가지만 퇴근 후에는 인스타그램 부계정으로 사회를 향한 날카로운 글을 쓰고, 주말에는 서로의 신분을 궁금해하지 않는 소셜살롱에서 새로운 사람들과 만난다.

2. 역할(role) : 이용자와 이용자, 만남 없는 신뢰가 가능한 이유

게임에서는 기존에 통용되던 신뢰의 척도가 통하지 않는다. 인상, 외모, 학벌, 거주지, 배경, 사회적 위치, 아무것도 존재하지 않는다. 그럼에도 만난 적 없는 다수가 연결된 채 관계를 지속할 수 있는 이유는 역할(role) 덕분이다. 게임에서는 누구나 각자의 직업, 포지션, 클래스 등으로 불리는 고유의 역할이 있고, 그 역할을 직접 선택한다. 게임에서 나를 구성하는 모든 요소 중 타인이 반드시 알아야 하고, 가장 먼저 궁금해하는 것 또한 나의 역할이다. 다수의 협력과 시너지를 근간으로 하는 게임에서 역할은 대규모 인원을 '연결된' 상태로 유지해주는 핵심 속성이다. 서로 다른 역할을 선택한 게이머들은 반드시 협력해야 게임을 진행할 수 있고, 같은 역할의 게이머들은 정보를 공유하며 해당 역할군을 좀 더 견고하게 만드는 방법을 연구한다.

이처럼 역할 간의 시너지를 바탕으로 하는 사회에서는 모두가 존재 자체로서 의미를 갖고, 역할을 주고받는 수요와 공급이 활발히 이루어질수록 더욱 방대하고 지속 가능한 연결성이 보장된다. 역할을 잘 수행하면 '인기도'나 '지수' 등 눈에 보이는 형태의 평가를 받고, 이는 개인의 내적 권위로서 게임 속 사회생활에 중요한 역할을 한다.

온라인 세계에서 서로에게 강력한 내적 권위를 만들어주던 레이트 밀레니얼은 알고 있다. 가시적인 내적 권위로 외적 권위를 대체할 수 있다는 것을. 일례로 사건 사고가 많은 중고거래 시장에서 당근마켓은 '매너온도'로 해법을 찾았다. 기존의 관점으로는 낯선 사람을 쉽사리 신뢰하기 어렵더라도, 눈에 보이는 객관적 지수로 보증해주면 믿을 수 있다.

3. 소통의 재해석(redefine) :
이용자와 NPC, 대화하지 않고 소통한다

게임에서 아이템을 살 때, 문의할 게 있을 때, 새 임무가 필요할 때, 진행방향에 도움을 받아야 할 때, 소통의 대상은 단 한 번도 사람이 아니었다. 늘 NPC(non-player character)였다. 마주보며 대화하는 오프라인과 달리 게임에서는 대화하지 않고 소통한다.

대화에는 예의, 문화, 전통, 관습 등 많은 요소가 따라온다. 대화하면서 우리는 늘 평가하고 평가받으며, 더러는 상대방의 권위가 주는 압박감에 지레 긴장한다. 나쁜 평가를 받지 않기 위해 밥상머리 교육을 비롯해 어마어마한 사전 학습을 해야 한다.

그러나 게임 내 채팅에서는 이런 것을 요구하지 않는다. 소통이 필요하고 답이 필요하지만 대화는 필요하지 않기에, 대화에서 인습과 소통을 분리해 소통만을 꺼내온다. 그러므로 질문하는 순간 나의 수준, 나의 배경 등이 평가될지 모른다는 두려움도 없다.

NPC는 오늘날 AI와 키오스크의 형태로 우리 현실에 들어왔다. AI와 키오스크가 상징하는 바는 '인력 대체, 노동 감축'만이 아니라 레이트 밀레니얼의 시대에 걸맞은 '인습의 종말'이라고도 볼 수 있다.

4. 호혜성(reciprocity) : 이용자와 게임사, 권력도 역할일 뿐

"스타포스 확률 조작하는 듯. 확률 30프로가 연속 20번 실패하고 터짐."

한 대기업 게임사의 공식계정에 확률 조작에 대한 불만을 토로한 디스성 댓글이다. 글을 쓴 사람은 방탄소년단의 '진'이다.

한국의 레이트 밀레니얼 중 가장 유명할 듯한 그가 빌보드 차트를 휩쓰는 와중에도 넥슨이라는 굴지의 기업을 향해 조작 의혹을 공공연히 제기한 것도 놀랍지만, 이 행위가 넥슨의 이미지 훼손이 아니라 그저 '재미있는 짤'로 돌아다녔다는 게 더 신기할 수도 있다. 여기에는 이유가 있는데, 게임사와 게이머 관계의 특수성을 서로가 인지하고 있기 때문이다.

게임사와 이용자의 관계는 어떤 권력을 행사하는지로 구분된다.

게임사는 세계관을 창조하고 게이머들을 관리하며 환경을 확장할 수 있다. 그러나 이러한 권력으로 과도한 이득을 얻으려 하지 않는다. 자신이 창조한 세계를 이용자가 최소한의 코스트로 누리게끔 해준다. 이용자가 자발적으로 남기고 제공하는 데이터가 게임의 생명임을 잘 알고 있기 때문이다. 게이머에게도 권력이 있다. 게이머들은 게임사의 작품을 장시간 플레이하며 개발자도 모르는 요소를 찾아내고, 발견된 버그를 제보하며, 밸런스가 맞지 않으면 문제를 제기할 수 있다. 이에 대해 그들은 자기 목소리의 '반영' 이상을 바라지 않는다. 게임사를 위한 열정페이와 흡사한 살신성인 속에도, 최고의 가치인 '재미'는 모두 게이머가 가져가기 때문이다.

지난 수십 년 동안 게이머와 게임사는 권력분배, 역할분담의 합의점을 찾기 위해 수많은 시행착오를 겪으며 관계 문법을 최신 버전으로 꾸준히 교정해왔다. 그 과정에서 게임사와 게이머가 인지한 권력이란 단지 하나의 '역할'이었을 뿐 위계를 유지하는 장치가 아니었다. 한쪽이 권력을 독점한 것이 아니라 서로 각자의 권력 영역 안에서 할당량만큼만 누리며, 상호 감시하고 혜택(benefit)을 제공해왔다.

리그오브레전드의 개발자들은 개발 당시 게임의 재미에만 집중했고, 당시로서는 이례적으로 게임을 평생 무료로 서비스한다고 발표했다. 게임 세대는 재미있으면 모여든다는 것을 알았기 때문이다. 그리고 무료여야만 최대 다수에게 접근할 수 있기 때문이다. 또하나, 일부러 게임을 완벽하게 만들지 않았다. 일주일만 지나면 게이머들이 의도치 않은 게임의 요소와 버그를 모두 찾아주고 옳은 방향성을 제시하리라는 것을 잘 알고 있었기 때문이다. 같은 맥락으로 가수 비 또한 '드립'의 향연장이 된 자신의 음원 〈깡〉 뮤직비디오 댓글창에 올라온 글을 일일이 읽고 반응하며 "더 놀아달라"고 했다. 그 결과 비는 소통이 가능한 대상으로 인식되고, 창의력 제한이 풀린 팬들로부터 '비룡'이란 부캐와 '깡쓰리'라는 세계관을 얻으며 새로운 전성기를 맞았다.

게임의 문법에 익숙한 이들은 재미있고 소통이 된다면, 다수가 자발적으로 창의력 경쟁을 벌여가며 기업/브랜드에 최고의 방향성을 제안해준다. 키포인트는 다수가 자발적인 경쟁을 벌여 하나의 아이디어를 도출해낸다는 것이다. 이들에게 드립이라 불리는 창의력 경쟁은 마음으로 즐기는 생산성 활동이다. 이러한 소통채널을 확보한 브랜드는 그저 최고 반응을 얻어낸 댓글을 고르기만 하면 된다.

오늘날 사회적 문제가 도출될 때 청원을 제기하는 방식이나, 브랜드와 소비자와의 관계에서 모범답안으로 제시되는 모델은 알고 보면 게임사가 이미 오래전부터 보여주었던 것들이다. 게이머들은 문제해결을 위해 목소리를 내면 반응이 오고, 주장이 전부 혹은 일부라도 반영되는 것을 당연하게 여긴다. 게임사가 매번 '패치 노트'를 통해 게이머의 수많은 목소리 중 어떤 목소리가 얼마나 고민되고 반영되었는지 '수치'로 보여주었기 때문이다. 그리고 지금은 게임이 아닌 현실세계의 사람들도 똑같이 생각한다. 권력은 일방적

으로 휘두르는 것이 아니라 모두의 이익을 위해 행하는 역할임을
인지하고 있다.

이렇게 볼 때 메이플스토리는 당시 어린이들, 즉 최초의 디지털
네이티브가 만든 디지털 문법의 탄생지라 보아도 무방할 듯하다.
메이플스토리라는 완전히 새로운 공간이 허락한 신세대의 거대한
만남은, 그 후 펼쳐지는 디지털 시대에 부응해 최신의 사고와 문법
을 만들어가는 발판이 되었다.

메이플스토리라는 거대한 통일이 이뤄진 후 춘추전국시대와 같
이 실로 많은 게임이 시대를 풍미했다. 스타크래프트, 디아블로, 카
트라이더, 던전앤파이터, 서든어택 그리고 마침내 리그오브레전드
로 새롭게 통일되기까지. 디지털 시대의 사고방식 또한 새로운 게
임의 등장과 함께 진화를 거듭하며 현실세계로 꾸준히 침투해왔
다. 20년 가까이 비대면의 세계에서 수만 번의 패치와 업데이트를
거듭해온 온라인 게임이 어디까지 나아갔는지 관찰해보면, 아직 뚜
렷한 정의조차 합의되지 않은 오늘날 비대면의 삶에 힌트를 얻을
수 있지 않을까?

온라인 게임의 행태가 오늘날 현실의 삶과 많은 부분에서 닮아
있는 또 한 가지 이유는, 앞서 말했듯 메이플스토리 이용자가 사회
적 약자인 어린이가 아닌 경제력을 갖춘 성인이 되었기 때문이다.
일찍이 메이플스토리에 '초딩겜'이란 타이틀을 부여하며 게임의
관계 맺기를 습득한 그 세대가 이제 서른을 바라보고 있다. (게임을

비롯한) 소비의 주체이자 (콘텐츠를 비롯한) 생산의 주체로 부상하면서, 이들이 옳다고 생각하고 원하는 사회의 지향점이 현실에서 구현되기 시작한 것이다.

17년 전 남들보다 한 발, 아니 두 발쯤 앞서 비대면으로 거대하게 연결돼 있던 메이플스토리의 아이들이 최신식으로 유지해온 사고방식은, 이제야 비대면의 삶을 경험하기 시작한 집단의 사고방식과는 간극이 클 수밖에 없다. 특히 몇 년 전부터 부랴부랴 밀레니얼을 이해하고자 노력해온 기성세대에게 레이트 밀레니얼의 최신식 사고방식은 더욱 난해하다. 비대면 사회에 적응하기 위해서라도, 새로운 소비자이자 동료로서 레이트 밀레니얼을 이해하기 위해서라도, 기성세대는 온라인 게임의 문법, 게임의 사고방식을 배워야 한다.

아울러 벤처에서 글로벌 기업 단위로 몸집이 커졌으면서도 여전히 고객과 빠르게 소통하고 긴밀한 관계를 유지하며 신선함을 잃지 않는다는 점에서도 게임 산업은 다른 기업의 학습대상이 되기에 충분하다. 이용자가 주인공 대접을 받으며 주체적으로 목소리를 내고, 기업과 이용자가 상호 실용적인 데이터를 남기며 활동하는 수평적인 관계는 게임 산업 외에는 존재할 수 없을까? 기업과 이용자가 끊임없이 소통하고 각자의 역할을 인지한다면 매번 트렌드를 좇으려 고생하지 않아도 신선도를 유지하며 낡지 않는 산업을 구축할 수 있지 않을까? 내가 속한 산업이 결코 낡지 않기 위해, 우리는 게임을 통해 합의해온 레이트 밀레니얼의 사고방식을 알 필요가 있다.

온라인 게임이라는 비대면 행성에
최초의 발자국을 찍은 레이트 밀레니얼.
소통과 합의를 통해
규칙을 스스로 만들어온,
사회에 '낡음'을 결코 허용하지 않을
창작의 세대다.

첫 번째 사고방식 : 티어와 랭크가 선사한 공정한 차별

시대마다 바뀌는 인기 게임을 따라 유목민처럼 대규모 이동을 해온 게이머들은 최근 10년여 동안 리그오브레전드, 이른바 롤(LoL)에 정착해 있다. 이들은 롤의 어떤 점에 이토록 열광하는 걸까?

롤을 비롯해 최근의 게임이 과거의 게임과 보이는 가장 큰 차이는 바로 '스토리'다. 정확히는 게임 속 스토리의 맥락이 달라졌다.

과거의 게임은 스토리라는 콘텐츠를 소비하는 '가상세계'의 성격이 짙었지만, 현재의 게임은 스토리를 창조하는 스포츠 서사와 다를 바 없는 속성을 보인다. 팀, 경쟁, 랭크, 방송, 경기, 리그 등의 속성을 보면 영락없는 스포츠다. 게이머 또한 한층 주체적으로 스스로 서사를 만들어간다. 훌륭한 플레이가 영상 콘텐츠로 만들어져 디지털 상에 박제돼 외부사람들에게 노출되는 양상 또한 스포츠스타의 그것과 다르지 않다. 스포츠 세계가 그렇듯 이곳에서는 실력만 있으면 누구나 서사의 주인공이 될 수 있다.

여기서 파생된 게임의 사고방식이 바로 '공정한 차별'이다. 차별은 나쁜 것이 아니다. 잣대가 실력일 경우라면.

다수가 사는 사회에서는 개인별로 성장 정도에 따른 격차가 존재할 수밖에 없고, 그 격차를 구분하기 위한 등급 또한 필연적으로 존재해왔다. 사람을 등급으로 나누는 차별 중 가장 공정한 차별은 '티어(tier) 제도'일 것이다. 브론즈, 실버, 골드, 플래티넘, 다이아몬드 등 금속으로 나뉘는 이 차별제도는 금속처럼 차갑고 감정이 없는

〈과거와 현재의 게임 속성〉

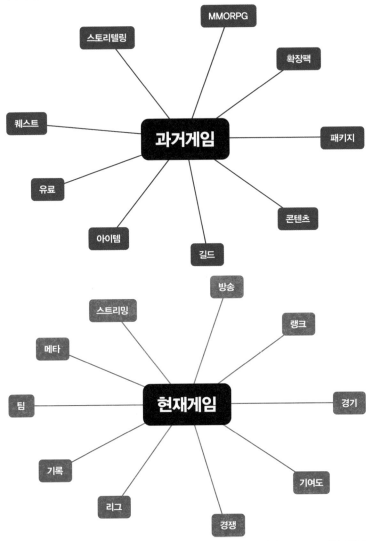

출처 | 생활변화관측소, 커뮤니티, 2018.01.01.~2020.08.31

무자비한 제도인 데다 놀라울 정도로 현실과 닮아 있어 다이아몬드 이상의 티어는 극소수다. 그렇지만 게이머들은 기꺼이 이 제도 속에 살기를 자처하며 성장을 바란다. 왜 그럴까?

아마도 '타고남'이라는 극복 불가능한 요소를 철저히 배제했기 때문일 것이다. 티어 제도에는 시작부터 남들보다 우위에 설 수 있는 요소가 없다. 애초에 게이머 집단의 니즈에 따라, 이 집단의 합의로 만들어지고 수정되고 패치되는 제도이기 때문에 불공정한 요소가 없다.

티어 제도는 게임 산업의 대표적 산물로, 이제는 게임 외에도 넓게 통용돼 무신사를 비롯한 각종 데이팅앱의 회원 구분에도 쓰이고 있다. 나아가 게임의 룰에 익숙한 레이트 밀레니얼들은 현실도 '티어 기반 사고'로 한다. 게임에서 학습한 사고방식이 인생 전반을 관통하는 것이다.

이 집단의 인생을 관통한 티어 기반 사고라는 것을 관찰해보자. 시작은 물론 게임이다.

> "게임으로 재밌게 즐기고 싶은데 너무 티어가 낮아서 창피한? 느낌이 요즘 갑자기 들어요ㅜㅜ"

뜻대로 되지 않는 게임에 생각이 많아질 때쯤 학교의 일상을 맞이한다.

〈'티어' 언급 추이〉

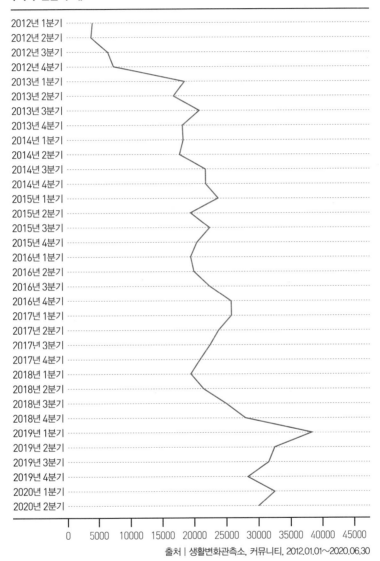

2012년 1분기
2012년 2분기
2012년 3분기
2012년 4분기
2013년 1분기
2013년 2분기
2013년 3분기
2013년 4분기
2014년 1분기
2014년 2분기
2014년 3분기
2014년 4분기
2015년 1분기
2015년 2분기
2015년 3분기
2015년 4분기
2016년 1분기
2016년 2분기
2016년 3분기
2016년 4분기
2017년 1분기
2017년 2분기
2017년 3분기
2017년 4분기
2018년 1분기
2018년 2분기
2018년 3분기
2018년 4분기
2019년 1분기
2019년 2분기
2019년 3분기
2019년 4분기
2020년 1분기
2020년 2분기

0   5000   10000   15000   20000   25000   30000   35000   40000   45000

출처 | 생활변화관측소, 커뮤니티, 2012.01.01~2020.06.30

코드의 변화

"저 서울대임ㅋㅋ 님보다 인생 훨씬 잘살 자신 있음.
님도 티어부심 부리시니깐 저도 대학부심 좀 부려볼게요ㅋㅋ"

게임 티어는 낮아서 울적하지만 현실에서 훨씬 강력한 이른바 '학교 티어'로 정신승리해본다. 학교를 넘어 사회에서도 티어가 제시한 '공정한 차별'이라는 전염성 좋은 기준에서 벗어나기는 쉽지 않다.

"공기업중 티어 높은 곳, 한전 같은 곳은 당연히 제가 가진
스펙으론 어림도 없어서 쳐다보지도 않습니다.
ㅎㅎ 공기업 중 티어 낮은 데를 위주로 찾아보면 될까요?"

취업 상황도 만만치 않다. 내가 나를 잘 알고 내 티어가 예상되기 때문이다. 이쯤 되면 종합적으로 나의 인생 티어에 대한 객관적 결론이 도출된다.

"겜티어보다 인생티어가 더 중헌디. 인생티어 곤두박질치는 중"

심해 저 밑바닥을 향해 가는 듯한 인생. 학교나 회사 같은 카테고리에서 이미 낮은 티어로 배치됐다면 아무리 노력해도 자신을 구출하기 힘들다. 그러나 이때에도 구출해낼 수 있는 티어가 하나 남아 있다.

"나 진짜 다이아 간다… 내가 인생은 자수성가 못했지만
게임 티어는 자수성가 해야겠다. (ㄹㅇ 한심하지만 진지함)"

돌고 돌아 다시 게임이다. 이유는 단순하게도 '가능하기 때문'이
다. 주어진 자원이 공평하고 정보가 투명하며, 애초에 그 구조를 설
계하는 데 게이머 본인이 일조했으니 해볼 만하다.

사람을 급으로 나누고 차별하는 방식은 근대 이후 금기시되어왔
다. 마음속으로는 어떻게 생각하든, 적어도 겉으로는 차별 없는 공
정함을 표방해왔다. 그러나 레이트 밀레니얼들은 차별 없는 공정
함이 아닌 공정한 차별에 더 익숙한지도 모른다. '제로에서 시작하
는 실력'이라는 맥락이 받쳐주는 차별은 수긍할 수 있다. 반면 레이
트 밀레니얼들이 자신 앞에 놓인 수많은 경쟁 시스템의 구조와 공
략법이 혹독하다고 여기는 이유는 현재의 학업이나 취업 방식이
애초에 구버전인 데다 그들을 염두에 두고 업데이트되지도 않았기
때문이다. 레이트 밀레니얼이 자발적으로 제공한 데이터도 없다.
현실의 시스템에서 한 번도 주체가 된 적이 없기에 이 구조에서 발
생하는 경쟁과 차별이 불공정하고 무자비하게 여겨지는 것이다.

역할(role)로서 관계를 맺어온 레이트 밀레니얼들에게 개개인의
구분은 중요하다. 이들은 하나의 환경에서 다른 이들과 자신의 역
할을 구분함으로써 정체성을 획득하고 유지해왔다. 그러니 밀레니
얼이라는 거대한 단어 안에 이들을 뭉뚱그려 넣어서는 안 된다. 이
들은 방대한 개인의 합이며 개개인이 서로가 다르게 구분되길 원

한다. 레이트 밀레니얼이 속한 조직이라면 게임에서 그러하듯 개인을 하나의 역할로서 구분해주고, 그 시스템이 신선하게 유지될 수 있도록 계속 소통하고 업데이트해야 한다. 그런 시스템에서 레이트 밀레니얼들은 자신의 역할을 잘해내기 위한 성장욕구를 끌어 낼 것이다.

두 번째 사고방식 : 내가 선택한 후천적 형제관계, '우리형'

어린아이들에게 공통으로 나타나는 패턴이 있다. 바로 동성의 연장자를 따르고 따라 하는 행위다. 특히 어린 남자들 눈에 형은 뭐든 다 잘하는 것 같고 뭘 해도 멋있어 보인다.

그런데 형들의 영향력이 점점 사라지고 있다. 영향력이 줄어드는 첫 번째 이유는 실제로 형이 없어서다. 점점 낮아지는 출산율에 형제 없이 자라는 아이들이 많아지고 있다. 두 번째 이유는 형들이 고유한 지분을 뺏기고 있기 때문이다. 형의 기본 속성으로 영원할 줄 알았던 '잘하다'와 '재미있다'의 지분을 누군가가 빼앗고 있다. 형들의 경쟁상대는 다름 아닌 실제로 만날 일 없는 랜선 형들이다.

뭐든 세상에서 가장 잘하는 줄로만 알았던 내 친형은 검색해보니 티어 등급이 실버라는 사실이 손쉽게 들통나버렸고, 유튜브 '형'들은 모두 다이아몬드인 것을 깨달은 것이다. 형이 으스대듯 말한 '형이 제일 잘한다'라는 거짓말도 "형 아이디 뭔데? 검색해보게"라는

〈'유튜버,스트리머+잘하다' vs. '유튜버,스트리머+재미있다' 언급 추이〉

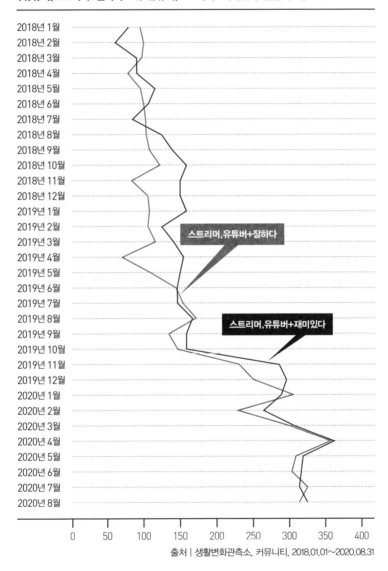

2018년 1월
2018년 2월
2018년 3월
2018년 4월
2018년 5월
2018년 6월
2018년 7월
2018년 8월
2018년 9월
2018년 10월
2018년 11월
2018년 12월
2019년 1월
2019년 2월
2019년 3월
2019년 4월
2019년 5월
2019년 6월
2019년 7월
2019년 8월
2019년 9월
2019년 10월
2019년 11월
2019년 12월
2020년 1월
2020년 2월
2020년 3월
2020년 4월
2020년 5월
2020년 6월
2020년 7월
2020년 8월

스트리머,유튜버+잘하다

스트리머,유튜버+재미있다

0   50   100   150   200   250   300   350   400

출처 | 생활변화관측소, 커뮤니티, 2018.01.01~2020.08.31

디지털 세상의 극단적 투명성 앞에서는 통하지 않는다. 반면 구독을 위한 수많은 경쟁을 뚫고 알고리즘의 추천 혜택을 받아 동생들 앞에 출현한 랜선 형들은 부정할 수 없이 훨씬 재미있다. 그리고 가장 중요하게도 인습이나 위계를 요구하지 않고 소통만 한다.

그 결과 오프라인에서 형을 쫓아다니는 행위는 줄었지만 형을 따르고 싶은 본능은 사라지지 않아서, 디지털 공간에서 형을 쫓아다니는 것으로 해소되고 있다. 특정 스트리머가 게임에 접속하면 따라서 접속해 스트리머의 캐릭터를 쫓아다니고 방해하기도 한다. 형이 노는 곳마다 따라다니며 귀찮게 구는 동생처럼 말이다.

여기서 우리는 '우리형'이라는 단어와 그 속성을 알아야 한다. (특히 젊은 남성 집단을 이해하려면 알 필요가 있다.) 남성 커뮤니티에서 '우리형'은 친형이나 나이 많은 남자를 지칭하는 의미가 아닌 하나의 밈(meme)으로서 사용된다. 언젠가 '우리형'이라는 단어와 마주하게 되면 호날두, 메시, 페이커, 손흥민 등을 떠올리기 바란다. 이들은 커뮤니티 내에서 긴 토론을 거쳐 '우리형'이라는 명예로운 타이틀을 부여하기로 합의한 존재들이다. 기준은 물론 실력이다. 자신의 분야에서 실력으로 인정받고 때로는 선한 영향력을 발산하기도 하는 이들이다. 티어로 표현하자면 최상위 1티어라 볼 수 있다.

"내 인생의 우리형 계보… 초등학생 더락 드웨인존슨, 중학생 김두한 고등학생 임요환, 대학생 박지성, 20대 중반 페이커, 20대 후반 손흥민"

물론 이런 형들은 극소수이며 다소 거리감이 있는 것도 사실이다. 하지만 유튜브와 각종 라이브 스트리밍 플랫폼에는 친근감으로 무장한, 실력으로도 2티어 정도는 되는 '넥스트 우리형' 후보들이 수없이 많다. 이 형들이 1티어 형만큼이나 중요한 이유는, 그들을 중심으로 모이는 대규모 집단의 소통채널이자 이 집단의 목소리를 대변하는 허브 역할을 하기 때문이다.

　실력과 서사를 보유한 이들은 어느 시대건 선망받는다. 설령 디지털 세계에 존재하더라도 디지털에 걸맞은 새로운 관계 맺기 방식으로 대중의 허브가 된다. 이들 허브가 과거의 허브와 다른 점은 처음부터 까마득히 높이 있는 스타가 아니라 동생들의 삶에 깊이 공감하고 같은 길을 걸어온 현실적 존재라는 것이다. 더욱이 이들의 서사는 동생들과 함께 만들어온 것이다. 레이트 밀레니얼은 자신들의 손으로 만들어낸 '스타'와 관계 맺으며 그들에게 집결하고 추종한다. 손흥민이 멀리서 우리형으로 묵묵히 존재해준다면, '침착맨'은 동생들의 손안 화면에서 동생들의 이름을 불러주고 메시지에 반응한다. 라이브 방송을 하며 실시간 리액션을 해주는 스트리머들, 이들이야말로 레이트 밀레니얼이 친근하게 따르는 '넥스트 우리형'이다. 참여자 제한이 없는 디지털 세계, 드립이 넘쳐나는 댓글창에서 한 줄 멘트로 스트리머의 리액션을 받기란 결코 쉽지 않다. 그러나 레이트 밀레니얼들은 그 한 번의 리액션을 위해 창의력과 드립력을 끌어모아 목소리 낼 준비가 언제든 돼 있다.

세 번째 사고방식 : '근본'이 있어야 좋아해줄 수 있다

문 : "롤을 잘 모르는데, SKT T1이면 한국E스포츠 역사상 최강 근본
맞죠??"
답 : "e스포츠하면 t1, 애초에 스타크래프트 때 처음 생긴 프로팀도
SKT"

디지털 세계는 방대한 데이터가 생명이기 때문에 참여에 제한이
없고 진입장벽도 매우 낮다. 더욱이 실력자들도 매우 많으므로 그
저 '재미있고' '잘한다'는 속성만으로는 유튜브 같은 새로운 정글
에서 도태되기 쉽다. 낡은 것을 허용하지 않는 디지털 세계에서 기
존 참여자들은 매일매일 들어오는 더 어리고 더 잘하는 새로운 참
여자에 밀려 쉽게 대체된다.

레이트 밀레니얼이 다수의 유튜버나 스트리머를 특별한 기준
없이 추종하는 것처럼 보일 수도 있지만, 사실은 꽤 명확한 선정
기준이 있다. 디지털 세계에서 존재감을 유지하려면 '재미'와 '실
력' 등의 상대적 가치만이 아닌 절대적 가치가 필요하다. 콘텐츠의
뿌리 같은 것 말이다. 실제로 많은 구독자들이 나무위키에서 자신
이 본 콘텐츠의 내력과 세계관을 검증한다. 현대판 〈사기(史記)〉인
나무위키는 사람들의 궁금증을 해소하고, 때로는 실시간으로 서사
를 박제하는 창구로 심도 있게 활용되고 있다.

여기서 유추할 수 있듯, 레이트 밀레니얼들이 디지털 콘텐츠 제

〈'근본' 언급 추이〉

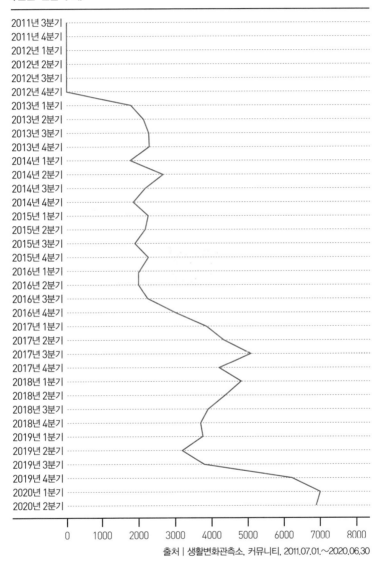

출처 | 생활변화관측소, 커뮤니티, 2011.07.01.~2020.06.30

〈'근본' 연관어〉

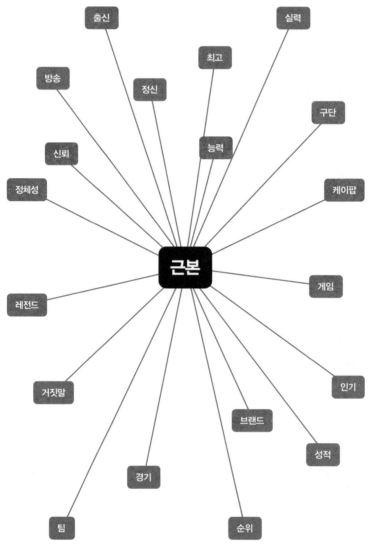

출처 | 생활변화관측소, 커뮤니티, 2018.01.01~2020.08.31

작자에게 요구하는 것은 다름 아닌 '근본'이다. 그리고 그 근본에서 시작되는 스토리를 요구한다. 브랜드나 인물이 근본 없으면 좋아해줄 수 없다는 것이다. 당연히 함께 서사를 만들어가려고 하지도 않는다.

그동안 '근본'은 특정 브랜드가 몇 백 년의 역사를 지녔거나, 특정 인물이 학교나 시험, 고시 등의 관습적 코스를 통과해 현재의 위치에 이르렀는지 추적하는 맥락으로 쓰이곤 했다. 그러나 근래 커뮤니티 내에서 통용되는 '근본'은 브랜드나 인물이 실력 하나로 자신의 서사를 일관성 있게 만들어가는지를 평가하는 질문에 가깝다. 실력이라는 자본만으로 서사를 써내려가는 사례가 수없이 공유되는 디지털 세상에서 '재력', '인맥' 등 제3의 요소가 서사에 개입하는 건 재미도 없을뿐더러 반감만 살 뿐이다.

물론 반드시 출신이 미천(?)해야 레이트 밀레니얼들이 요구하는 근본을 충족하는 것은 아니다. 시작 시점에 어떠한 특혜도 없이 스스로 노력하여 실력을 쌓았으면 그걸로 족하다. 즉 누군가의 시작점을 모두가 알고 있고 그의 성장에 함께하고 있다는 것이 중요하다. 심지어 근본과 스토리가 충분히 공감을 얻었다면, 설령 놀라운 재능과 압도적인 실력이 없어도 용인된다.

"리액션과 감스트 놀리는 맛으로 보는 듯. 전문성 바라는 사람 1도 없을 듯 ㅋㅋ 감스트는 전문성 떨어지는 게 장점"

〈'스트리머' vs. '유튜버' 가치속성〉

	스트리머		유튜버
1	인기	1	추천
2	재미	2	일상
3	추천	3	방법
4	분위기	4	인기
5	방법	5	분위기
6	캐릭터	6	머리
7	일상	7	정보
8	이해	8	구독
9	정보	9	재미
10	취향	10	브랜드
11	구독	11	대신
12	현실	12	취향
13	커뮤니티	13	발색력
14	관계	14	사이즈
15	능력	15	현실
16	성격	16	관계
17	목표	17	경험
18	꿈	18	목표
19	기회	19	성격
20	조건	20	퀄리티
21	대화	21	커뮤니티
22	가능성	22	공감
23	노력	23	가성비
24	퀄리티	24	기대
25	기대	25	능력

출처 | 생활변화관측소, 커뮤니티, 2018.01.01~2020.08.31

인생을 나누는 스트리머, 새로운 인플루언서의 기준

요즘은 남녀노소 할 것 없이 누구나 유튜브를 본다. 재미, 지식, 정보 등 콘텐츠를 통해 얻는 가치가 뚜렷하기 때문이다. 최근 몇 년 사이 인기를 끄는 유튜버는 크게 두 부류로 나뉘는데, 하나는 전업 유튜버이며 다른 하나는 스트리머 출신 유튜버다. 이 두 부류는 여러모로 차이가 있다. 스트리머 출신 유튜버는 라이브로 스트리밍 영상을 방송한 후, 방송분을 편집하여 유튜브에 업로드한다. 반면 전업 유튜버는 공중파 녹화방송처럼 스튜디오에서 촬영을 끝낸 후 편집본을 올린다.

가치속성으로 볼 때 스트리머는 방법을 공유하는 사람이고, 유튜버는 추천해주는 사람이다. 주로 게임을 플레이하며 장시간 방송하는 스트리머들은 방법, 커뮤니티, 대화 등의 속성이 비교적 높은 만큼 매끄러운 진행과 촘촘한 소통과 설명에 능해야 한다. 반면 정보 전달 성격이 좀 더 강한 전업 유튜버는 편집 스킬을 활용해 기획된 콘텐츠를 잘 전달해야 하며, 무엇보다 솔직해야 한다.

각각 남성과 여성의 큰 사랑을 받고 있는 유튜버 두 명을 예로 들어보자. 스트리머 출신 유튜버인 '감스트'와 전업 유튜버인 '이사배'는 모두 어마어마한 구독자를 보유하고 공중파에서도 얼굴을 비춘 유명인이다. 이들에게 사람들이 느끼는 감성을 통해 스트리머와 유튜버에 대한 기대심리를 추론할 수 있다.

두 사람에게 느끼는 시청자들의 감성을 보면 감스트란 사람은 웃기고 알고 싶은 존재이며, 이사배는 예쁘고 그 방법을 배워서 따라

하고 싶은 인플루언서다.[1] 즉 스트리머는 방송하는 '사람'이 더 중요한 요소이며, 유튜버는 '콘텐츠'에 무게가 실린다. 이는 시청자들의 관심사를 비교해도 드러나는데, 스트리머의 영향력은 시청자의 인생에 맞닿아 있고, 유튜버의 영향력은 상대적으로 구독자의 SNS 라이프에 더 파급력이 크다.

여기서 우리가 놓치지 말아야 할 점이 있다. 스트리머 시청자의 첫 번째 관심사는 게임이며, 스트리머 출신 유튜버들은 스트리머 이전에 게이머라는 사실이다. 따라서 이들의 채널에는 자연스럽게 레이트 밀레니얼, 그중에서도 남성이 주로 모이게 된다. 여성 유튜브 시청자가 주로 '검색'을 활용해 콘텐츠를 접한다면 남성 시청자들은 '구독'을 선호한다. 내가 좋아하는 유튜버를 점찍어놓고 그의 방송을 본다는 것이다. 앞서 스트리머와 유튜버의 차이에서 보았듯이, 남성은 콘텐츠보다는 콘텐츠를 진행하는 인물을 좀 더 좇는 경향이 있기 때문에 구독 비중도 더 높다.

지금까지의 이야기를 정리해보자. 레이트 밀레니얼 남성들이 선망하는 유튜버들은 게임 스트리머 출신이 많으며, 게임의 특성상 스트리밍 방송을 장시간 녹화한다. 스트리머의 콘텐츠는 유튜버의 영상 클립보다 호흡이 긴 데다 실시간 리액션이 가능하기 때문에 자연스레 시청자와 소통하며 인생의 적지 않은 부분을 공유하게 되며, 그 과정에서 공감과 유대를 형성한다. 그만큼 리얼해야 생존

---

1) 생활변화관측소, 커뮤니티, 2018.01.01~2020.08.31

〈남성 vs. 여성 유튜브 시청 이유〉

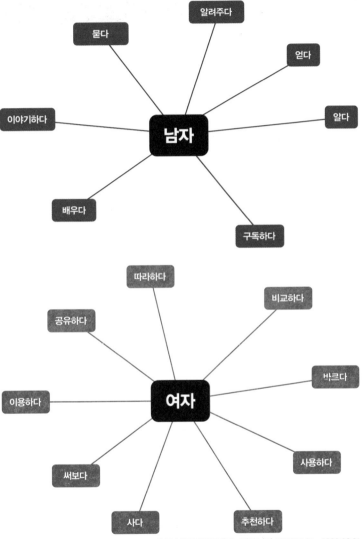

출처 | 생활변화관측소, 커뮤니티, 2018.01.01~2020.08.31

〈'스트리머' vs. '유튜버' 관심사 순위〉

	스트리머			유튜버
1	게임		1	후기
2	롤		2	메이크업
3	여행		3	먹방
4	인생		4	여행
5	영화		5	인스타그램

출처 | 생활변화관측소, 커뮤니티, 2018.01.01~2020.08.31

하는 존재들이다.

　이들 스트리머의 출신과 근본은 대부분 레이트 밀레니얼과 다르지 않으므로, 일단 공감대가 형성되면 레이트 밀레니얼들은 기꺼이 그가 발산하는 영향력을 받아들이고 그가 성장하는 서사를 함께 만들어간다. 모든 면이 완벽하지는 않지만 자신의 역할을 확실히 어필하는 스트리머에게서 동질감과 롤모델에 대한 열망을 동시에 느끼는 것이다.

> "말왕형 집세도 못내서 헬스장 일자리 알아보러 다니고 여친과 헤어지고 울던게 엊그제 같은데 엄청 성공했어" (말왕 구독자)
> "회사 짤리고 인생2막이 셀럽의 삶일 줄이야; 우리 슈카형 너무 유명해지면 안 되는데…" (슈카월드 구독자)

　이제 인플루언서의 기준은 구독자 수가 아니라, 어느 집단의 삶을 얼마나 깊이 있게 대변하고 있는가로 결정될 것이다. 디지털에서 중요한 것은 콘텐츠이며, 콘텐츠에서 중요한 것은 제작자의 근본이 얼마나 공감을 주고 앞으로의 서사에 사람들이 얼마나 참여하도록 하느냐다.

미래를 살아본 세대

"그때는 내가 주인공이었고 모험가였으며 대장이었는데, 지금은 그냥 사회의 NPC가 되어버렸네."

갑작스레 접하게 된 비대면 삶에서 우리가 대면하지 않는 것, 그리고 앞으로도 대면하지 말아야 할 것은 사람 이전에 낡은 인습과 시스템일 것이다. 새 시대라는 것은, 누군가 어느 날 새 시대가 왔다고 선언하거나 이제 변하자고 매뉴얼을 주어서 실현할 수 있는 것이 아니다. 게임사가 해왔듯 끝없는 데이터 수집과 업데이트 작업이 필요하다. 새로운 집단이 내는 목소리를 실시간으로 귀중히 받아들여야 하고, 그에 맞춰 사회구조와 시스템을 게임처럼 꾸준히 패치해야 한다. 구버전의 버그를 없애고 새 시즌을 스스로 열어가는 모습이야말로 새 시대를 '놀라지 않으며' 맞는 방법이다. 사실 사회는 한 번도 급작스럽게 바뀐 적이 없다. 최근 각 세대에 관한 분석과 담론이 많지만, 다른 세대는 이해 못할 특이한 사고가 특정 세대의 머릿속에만 어느 날 갑자기 자리잡은 게 아니다. 단지 또래의 다수가 같은 것을 즐겼고, 그 과정에서 그들이 만들어낸 이야기와 토론이 존재할 뿐이다.

말하자면 메이플스토리는 '국민 초딩겜'으로서 토론 참여자를 한 공간에 모으고 연결한 것이다. 토론시간은 방과 후부터 엄마아빠가 퇴근해서 집에 오시기 전까지라는 암묵적 동의 속에. 토론을 거쳐 합의한 사고방식은 하나둘 또래의 다수에게 공유되고, 이 인구가 성인이 되어 새 패러다임을 가져온 것이다.

온라인 게임으로 비대면 라이프스타일을 먼저 경험해보고 서로 연결된 채 성장한 이들은 디지털 기반의 사고방식이 장착된 최초의 세대다. 만난 적 없고 인적사항도 모르는 다수의 친구를 만들어본 첫 세대이며, 정서적 반응이 없는 기계와의 대화에도 불편함을 느끼지 않는 첫 세대이고, 환경을 만든 권력에 마냥 이끌려 다닌 적 없는 첫 세대다. 그리고 최적화된 나를 브랜딩하기 위해 끊임없이 리셋하며 부캐를 통해 인생의 확장을 꾸준히 시도하는, 한마디로 우리 사회가 가야 할 미래를 먼저 살아본 세대다.

이들은 게임의 원칙대로 자신이 하나의 역할로서 구분되기를 원할 것이며, 역할에 따른 문제나 불공정에 목소리 내는 것을 당연하게 생각할 것이다. 사람이나 브랜드와 관계 맺을 때에도 모든 선택권이 자신에게 있기를 원하며, 서로의 역할분배와 권력분담이 호혜성을 기반으로 해야 함을 당연시할 것이다.

게임은 '황금 밸런스'라는, 어쩌면 존재하지 않는 이상향을 좇는

온라인 게임으로 비대면 라이프스타일을
누구보다 먼저 경험해보고
서로 연결된 채 성장한 레이트 밀레니얼은
한마디로 우리 사회가 가야 할
미래를 먼저 살아본 세대다.

끝없는 여정이라 볼 수 있다. 이 목표를 향해 게임사와 게이머는 서로의 역할과 자원을 아낌없이 할애하며 협력해왔다. 그러나 레이트 밀레니얼이 어른이 된 지금, 우리 사회의 모습은 과연 그러한가?

현재 우리 사회의 중위연령은 성과의 크기가 비교적 작은 땅따먹기 세대다. 동네에서 소수와 땅따먹기를 하던 세대와 온라인에서 전국 규모로 게임을 하며 자라온 세대는 사고의 출발점이 달라도 너무 다르지 않겠는가? 동네에서만 통용될 게임 규칙을 만들어본 세대와, 인습을 내려놓고 전국의 친구들과 동등한 목소리로 하나의 규칙을 만들어온 세대의 경험은 성과의 크기부터 다를 것이다. 예전부터 전해오는 규범을 관성적으로 계승받은 세대와 새로운 환경에서 합의해 만들어낸 규범을 장착한 세대는 너무나도 다를 수밖에 없다.

이제 이들 레이트 밀레니얼의 특성을 알아야 할 때다. 사회의 NPC로 살기엔 너무나 아까운 사회 구성원 아닌가. 이들이 모두를 위한 밸런스를 추구하며 거침없이 목소리를 내오던 주체성 있는 주인공 출신임을 기억하자. 당신은 이들에게 현실의 게임사 역할을 해줄 수 있는가?

게이미피케이션, 이용자를 공동창작자(co-creator)로 만드는 일

퀘스트 형식의 챌린지, 눈으로 확인 가능한 수치화된 피드백과 보상 등, 게임 요소를 도입하기 이전에 게임사와 게이머의 관계를 먼저 배우자. 게임사가 게이머에게 과감히 의지하고 게이머는 당당히 권력을 행사할 수 있을 때, 게이머는 누구도 줄수 없는 유용한 정보를 게임사에 제공해주고 경쟁력 있는 서사를 만들어준다.

브랜드가 배워야 할 게임사의 태도 1.
확장의 여지와 역할

같이 만들지 않으면 도태된다. 게임사와 게이머는 동업자다. 게임사는 세계관을 창조하고 관리하지만, 확장의 기획력 방향성은 철저하게 게이머가 남긴 데이터에 기반한다. 확장의 여지가 필수적이며 그것은 게이머의 역할이다. 서로의 역할에 신뢰가 생기면 게이머는 자발적으로 반응을 남기고 창의력 경쟁을 통해 최고의 아이디어를 줄 것이다.

브랜드가 배워야 할 게임사의 태도 2.
끝없는 소통, 낡지 않는 모델

게임 내의 모든 요소를 발굴하고 문제를 찾아주는 게이머의 목소리를 빠르게 반영하고 반영 여부를 투명하게 공개한다. 이용자를 예측하고 트렌드를 좇는 것은 많은 자원과 시행착오를 동반하지만, 실시간 활동하는 이용자의 목소리를 반영한다면 실패 없이 브랜드의 신선도를 유지할 수 있다.

Chapter 7

디지털 시대의
어휘력

—— 정유라 ——

지금 대한민국의 표준어는 '서울말'이라기보다
'디지털 언어'에 가깝다. 디지털 스페이스에서
생성되고 통용되는 언어들을 이해하지 못한다면
'지금과 여기'를 이해하지 못하는 것이다.
SNS는 현시점에서 가장 많은 생각과 의견이 표현되는 곳이며,
다양한 세대의 언어문화를 목격할 수 있는 곳이다.
즉 '언어 조망권'이 가장 좋은 장소다.

영상시대에 '언어'를 말한다는 것

　19세기의 문화 수도를 파리, 20세기의 문화 수도를 할리우드라고 한다면 21세기의 문화 수도는 어디일까? 문화 수도의 역할이 새로운 담론과 이데올로기를 가장 빠르게 만들어내는 데 있다면, 21세기 문화 수도는 '디지털 스페이스', 그중에서도 가장 활발한 문화적 교류가 이루어지는 소셜미디어가 될 것이다. 소셜미디어만큼 엄청난 속도로 담론이 생성되는 공간은 없다. 새로운 사조와 스타일이 초 단위로 생겨나고 5G의 속도로 확산되는 곳이 바로 소셜미디어다.

　수도의 언어가 표준어가 된다는 점에서, 지금 대한민국의 표준어는 '서울말'이라기보다 '디지털 언어'에 가깝다. 디지털 스페이스에서 생성되고 통용되는 언어들을 이해하지 못한다면 '지금과 여기'를 이해하지 못하는 것이다. SNS는 현시점에서 가장 많은 생각과 의견이 표현되는 곳이며, 다양한 세대의 언어문화를 목격할 수 있는 곳이다. 즉 '언어 조망권'이 가장 좋은 장소다.

'디지털 언어'란 무엇일까? 그것은 연말마다 매체에서 발표하는 '올해의 신조어'에 들어가는 '온라인 용어'이기도 하고, 국립국어원에서 근심 가득한 표정으로 경고하는 '표준어 파괴의 주범'이기도 하다. 여기서 우리가 주목해야 할 디지털 언어는 정확히 말하면 '매체언어', 그중에서도 디지털 매체에서 사용되는 '디지털 구어체'다. 신문에서는 매일같이 그들을 '누리꾼'이라 말하지만 정작 그곳에선 누구도 스스로를 누리꾼이라 지칭하지 않는 익명의 '@'들이 존재하는 공간, 그곳에서 말하고 쓰고 소통하는 언어가 디지털 언어다.

새로운 매체가 등장하면 언어는 그 매체에 최적화된 특성을 갖추게 된다. TV의 등장은 문어체 중심이던 정보성 언어생활을 구어체 중심으로 전환시켰고, 활자신문에서 주로 사용하던 한자어는 디지털 신문과 함께 줄어드는 추세다. 매체로서 디지털의 등장은 빠른 시간에 타이핑할 수 있는 축약어를 비롯해 키보드로 문자를 작성하는 이점을 살려 뷁(부부), 댕댕이(멍멍이) 같은 새로운 언어 사용 사례를 만들어내고 있다.

예시 하나. "기혀나… 널 너무 H워얼V… 난 지금 롬곡옾높 흘리고 있어"는 무슨 뜻일까?

H워얼V는(반드시 대문자여야 한다) '사랑해', 롬곡옾높은 '폭풍눈물'이다. 뒤집어보면 (아마도) 읽을 수 있을 것이다. 누군가는 이러한 표현을 보고 기성세대와 신세대 간의 구분 짓기라 지적할 수 있고, 너무 극단적인 예라고 생각할 수도 있다. "뭘 이렇게까지 써? 이

정도면 언어파괴 아니야?"라는 반응도 가능하다. 그러나 〈놀면 뭐 하니?〉에서 싹쓰리 멤버인 이효리(린다G)는 밀레니얼인 광희에게 삐삐시대의 소통을 이야기하면서 "486 몰라? 486? 사랑해라는 뜻 이잖아"라고 말했다. 린다G가 신세대였던 그 시대에는 삐삐가 주요 커뮤니케이션 수단이었고, 그에 적합한 매체언어가 존재했던 것이다. 'H워얼V'는 2020년의 '486'이다.

지금은 영상시대다. 문자와 이미지가 끝없이 우위를 다투던 시기를 지나, 이제는 영상매체가 모든 것을 점령한 것처럼 보인다. 모든 미디어와 소통방식이 영상화를 지향한다. 기업과 대중 모두 유튜브, 틱톡 등 영상매체 어법에 관심 가지는 오늘날, 트렌드 책이 디지털 구어체에 대해 다뤄야 할 이유는 무엇일까?

이미지가 실재의 재현이라면, 언어는 사고의 재현이다. 영상시대라지만 하루 종일 오고가는 카카오톡 메시지, 유튜브 자막, 인스타그램 본문과 해시태그, 커뮤니티 게시물, 트위터의 실시간 트렌드 키워드까지 모두 읽는다고 생각해보면 오늘날 우리가 그 어느 때보다 많은 '텍스트'를 읽고 소화하고 사용하고 있음을 알 것이다. 그러니 '읽지 않는 세대'가 아니라, 가독성 떨어지는 긴 글 대신 '디지털 언어에 익숙한 세대'라고 말해야 할 것이다. 그러므로 디지털 언어를 이해하는 것은 지금의 사고방식을 이해하는 가장 첫 단추다.

또한 디지털 언어는, 외계인과 접선 가능하다는 '빵상 아줌마'의 '빵상'처럼 갑자기 튀어나온 신조어가 아니다. 없던 언어가 하루아

수도의 언어가 표준어가 된다는 점에서
지금 대한민국의 표준어는
'서울말'이라기보다 '디지털 언어'에 가깝다.

침에 새로 만들어지는 것이 아니라, 기존의 언어와 문화적 맥락 속에 인용되고 차용된 것이다. 디지털 언어는 수많은 인용과 문화적 맥락들을 함의한다. 게임, 유튜브 방송, 만화책, 고전 신화 등 서브컬처와 매스컬처의 구분 없이 인용 가능한 모든 재료들이 채굴되고 그중 가장 많은 공감을 얻은 어휘가 디지털에서 탄생해 현실의 언어생활로 들어온다. 디지털 언어는 '그들만의 언어'가 아니라 현실을 대변하는 우리 모두의 언어이며, 우리 사회의 흐름을 보여주는 가장 생생한 재료라 할 수 있다.

해시태그에 담긴 언어 : SNS를 위한 언어

마케터라면 "우리도 무슨 챌린지든 해야 하는 거 아니야?"란 말을 회의시간에 한 번은 해본 적이 있을 것이다. 챌린지를 만들어내는 것이 챌린지로 느껴질 만큼 다양한 챌린지가 앞다투어 나온 한 해였다. 지코는 춤을 췄고, 코로나로 불철주야 고생하는 의료진을 위해 손바닥 위에 엄지를 올렸고, 더 나은 삶을 꿈꾸는 미라클모닝 챌린지 대원들은 오전 6시가 되기 전 휴대폰 화면을 캡처해서 올렸다. 이 모든 챌린지가 서로 연결되는 것은 해시태그라는 언어 덕분이다.

하지만 모든 챌린지가 성공하는 것이 아니듯, 모든 해시태그가 많은 이들에게 사용되는 것은 아니다. 예컨대 인스타그램에서 하객

패션이 궁금할 때 어떤 키워드를 입력해야 할까? '#하객룩', '#하객패션'을 검색해보자. 온라인 의류 쇼핑몰의 무수한 광고글이 튀어나온다. 그렇다면 이건 어떨까? '#잘살아'를 검색해보면 친구 결혼식장에서 찍은 인증사진이 등장한다. 진짜 하객패션을 찾고 싶다면 '#잘살아'를 검색하라는 한 커뮤니티의 꿀팁이다.

딸 키우는 엄마 인스타그램 계정을 찾고 있다면 '#딸맘스타그램'보다 더 확실한 해시태그가 있다. '#엄마딸로태어나줘서고마워'가 그것이다. 부부스타그램을 제대로 보고 싶다면 '#여보고마워'를 검색해보면 된다. 이처럼 누구도 약속한 적은 없지만 자연스럽게 보고 읽으며 다수의 공감을 얻어 약속이라도 한 듯 모두가 쓰게 되는 해시태그가 있다.

해시태그는 온라인에 올리는 콘텐츠를 편리하게 분류하고 검색할 수 있게 만든 핵심어 개념의 메타데이터다. 그러나 모두가 이 기능을 분류나 검색 용도로 사용하는 것은 아니다. 해시태그는 선언이다. '나는 누구고' '이것은 무엇이다'에 대해 아는 사람은 알아볼 수 있게 표현한 하나의 선언문이다.

공급자 관점에서는 유행하는 해시태그에 편승해 검색의 우위를 점하고자 한다. 자신이 만든 콘텐츠, 브랜드의 노출을 최대화하기 위해서다. 사용자 입장은 다르다. 사람들이 많이 쓰는 해시태그를 통해 공감대를 형성하고 트렌디함을 추구하되, 공급자가 쓰는 '업자용' 해시태그와 자신을 계속 분리하면서 비슷한 관심사를 가진 순수 유저들과 소통하고 싶어 한다.

공급자라면 '무조건 뜨는 해시태그의 비밀' 같은 것을 알고 싶겠지만 안타깝게도 그런 것은 없다. 다만 사용자의 마음에 감정을 이입해보면 해시태그를 쓰는 가장 큰 두 가지 이유는 알 수 있다. 하나는 본래의 목적에 충실하게 타인이 내 피드를 쉽게 검색하도록 하기 위함이고, 다른 하나는 콘텐츠에 다 담기지 않는 말을 첨언하기 위함이다. 후자는 주로 인스타그램의 개그코드 용도, 즉 개인의 상황과 유머감각을 뽐내기 위한 속마음처럼 활용된다. "오늘칼퇴 #일주일내내야근한건안비밀", "#돼지런한하루 #다이어트는개나줘" 같은 식이다.

디지털 언어의 관점에서 우리가 중요하게 살펴볼 해시태그는 전자다. 전자는 반복되고 차용되고 인용돼 하나의 '정답 해시태그'이자 '대세 해시태그'로 굳어진다. 과거부터 이어져온 논란과 화제의 '#내돈내산', '#쇼핑하울', '#주말순삭' 등이 그 예다.

정체성을 선언하기 위한 해시태그

타인이 내 피드를 쉽게 검색할 수 있도록 남기는 메타 정보인 해시태그는 자신의 관심사를 드러내고 이에 대해 소통하는 용도인 동시에 정체성을 밝히는 것이기도 하다.

예를 들어보자. '#운동중'이라는 해시태그보다 '#운동하는여자'의 언급량이 훨씬 더 많다. '#○○하는여자', '#○○하는남자', '#○○하는직장인'이라는 해시태그는 자신의 취향, 선호, 활동을 한번에 보여주는 동시에 같은 취미를 가진 사람들과 자연스럽게 연대할 수 있게 해준다. 단순히 운동 사진을 찍어 올린 콘텐츠와 '#운동하는여자'라는 해시태그가 달린 콘텐츠의 의도와 목적은 전혀 다르다. '#운동중'은 상황이지만 '#운동하는여자'는 나라는 사람에 대한 선언적 성격이 더 강하게 드러난다.

자신을 어떤 사람이라고 선언하는 것은 개인의 '이상향'을 밝히는 것과 같다. 그런 점에서 '#○○하는사람'과 관련해 모든 성별에서 가장 높게 나타나는 것이 '운동하는'이라는 점은 시사하는 바가 있다. 점점 더 많은 사람들이 여가시간에 몸을 단련하고 관리하려는 트렌드가 해시태그에 고스란히 나타난다. '운동하는 여자'의 비중이 운동하는 남자의 비중보다 훨씬 높은 것 역시 주목해야 한다. 여성에게 운동은 더 이상 다이어트나 체중관리 영역에 머무르지

〈'#○○하는여자', '#○○하는남자', '#○○하는직장인' 언급 순위〉

#○○하는 여자		#○○하는남자		#○○하는직장인	
키워드	언급량	키워드	언급량	키워드	언급량
#운동하는여자	3,953,923	#운동하는남자	49,400	#운동하는 직장인	19,094
#요리하는여자	406,624	#요리하는남자	32,449	#평범한 직장인	2,069
#관리하는여자	317,283	#관리하는남자	30,804	#바쁜직장인	705
#요가하는여자	73,776	#개밥주는남자	21,686	#여의도직장인	560
#책읽는여자	62,574	#세상다가진남자	11,333	#판교직장인	525

출처 | 생활변화관측소, 인스타그램, 2017.01.01~2020.08.31

않으며, 강인함과 근력은 남녀 모두에게 필수적인 요소가 되었다는 사실을 보여주는 키워드다.

같은 맥락에서 '요리하는 남자'의 순위가 높은 것도 유의미하다. 자신을 드러내고 싶은 키워드로서 '요리'가 '#게임하는남자'나 '#축구하는남자'보다 많이 사용된다는 점은 이 시대에 어떤 사람이 더 매력적이라고 인지하는지 보여주는 단서가 되기도 한다.

《2020 트렌드 노트》에서는 '덕후', '처돌이'처럼 자신이 '좋아하는' 것을 해시태그에 열렬히 표현한다는 점을 강조했다. 1년이 지난 지금, 우리는 무언가를 '시도하는' 사람들이다. 운동하는○○, 요리하는○○처럼, 자신이 시간을 어떻게 보내는지를 이야기하고 싶어 한다.

'○○처돌이', '○○하는 사람' 등 사람을 지칭하는 표현이 어떻게 진화하고 그에 따라 어떤 해시태그가 완성되는지 살펴보자. 스스로의 정체성을 드러내고자 하는 해시태그를 보면 이 시대의 '이상향'이 어떤 모습인지, 이 시대의 관심과 열기는 어디로 향해 있는지를 알 수 있다. 지금 어떤 표현이 유행하고 있는가? 어떤 언어로 자신의 정체성을 표현하고 있는가? 이미지로는 완성되지 못한 사람들의 이상향이 해시태그 언어에 선명하게 담겨 있다.

장면을 함축하는 해시태그

하얀 구름이 유난히 아름다운 하늘 사진 아래 달린 해시태그가 '#출근길'일 때와 '#주말나들이'일 때의 의미는 전혀 다르다. 전자는 '이렇게 날씨가 좋은데 놀지도 못하고 출근해야 하다니!!!'란 뜻이고 후자는 '이렇게 좋은 날씨에 나들이 간다!'고 자랑하는 용도로 사용된다.

'#내돈내산'이라는 해시태그는 반드시 쇼핑품목과 함께한다. 그것은 푸른 하늘과 함께 등장하는 용어가 아니고, 한강 나들이에 쓰이지도 않는다. 이처럼 해시태그의 또 다른 기능은 장면의 맥락을 결정한다는 것이다.

맥락형 해시태그는 이미 많은 사람들이 학습하고 약속한 전형성을 띤다. '#육퇴후맥주', '#퇴근길하늘', '#불멍타임'은 각기 다른 사람들이 올려도 장면의 결이나 말하고자 하는 바가 다 비슷하다. 먼 훗날 역사학자들이 시대를 대표하는 해시태그와 해당 이미지를 통해 현 사회를 분석한다면 2080년 즈음의 역사책에는 "그 당시 3인 가정에서는 하루의 가사노동이 끝나면 부부가 TV 앞 소파에 앉아 맥주와 함께 붉고 기름진 계열의 안주를 먹었다"고 적히게 될지도 모른다.

다양성과 다채로움으로 가득한 디지털 공간이지만, 방대한 양의 콘텐츠가 올라오는 그 공간에서 지녀야 할 미덕 중 하나는 '전형성'이다. 전형적이고, 예측 가능하며, 공감할 수 있는 텍스트와 콘텐츠를 통해 사람들은 일종의 소속감과 연대감을 느낀다.

예컨대 2020년 현대인을 표현하는 가장 대표적인 해시태그와 그 장면(scene)은 다음 페이지 도표와 같다. 파란 하늘 사진은 별다른 공감을 자아내지 못하지만 '#퇴근길하늘'이란 해시태그가 붙은 하

#육퇴후한잔	장면	넷플릭스가 켜진 TV 앞, 맥주와 고칼로리 안주
	의도	'이 포스팅을 올리기 전까지 매우 큰 고난이 있었으나 지금 나는 꽤 행복하다'
#퇴근길하늘	장면	지하철/버스 창밖으로 보이는 퇴근길 노을 진 하늘
	의도	'오늘 하루는 회사에서 멘털이 바스러졌지만, 퇴근길 이 시간만큼은 나도 휴대폰을 들어 창밖을 찍는 감성 직장인'
#불멍타임	장면	어둑한 캠핑장 모닥불 사진
	의도	'도심과 속세에서 벗어나 캠핑의 하이라이트인 불멍타임에 낭만과 사색을 즐기며 스트레스를 날리지만, 이 불이 꺼지고 날이 밝으면 곧 현실로 복귀…'
#집사의하루	장면	굉장히 편안해 보이는 고양이의 아름다운 자태
	의도	'제가 모시는 냥이님은 매우 귀엽고 저는 그저 그분을 찍는 것만으로도 영광입니다'
#돼지런한하루	장면	풍성하고 기름지고 알록달록하며 다채로운 음식 사진
	의도	'오늘도 다양한 음식을 맛있게 먹었고 이런 내가 아주 살짝 자랑스럽다'
#온더테이블	장면	화이트톤 테이블에 예쁘게 플레이팅된 정갈한 집밥
	의도	'컬러풀한 메뉴 선정, 적절한 플레이팅, 감성적 키친 클로스, 이 모든 것에 어울리는 커틀러리, 마지막으로 그림자 지지 않게 사진 찍느라 정말 수고한 나를 위한 인증샷'

늘 사진에는 수많은 직장인들이 말없이 공감의 하트를 누른다. '너도 오늘 수고했구나'라는 연민과 동지애다. 드라마 〈부부의 세계〉를 배경으로 찍은 닭발과 소주 사진도 마찬가지다. 사진만 덩그러니 있을 때보다 '#육퇴후한잔'이라는 해시태그가 붙을 때, 더 많은 사람들이 서로의 노고와 피로를 위로하며 하트를 누른다.

장면을 보조하고 완성하는 해시태그의 위력은 그래서 대단하다. 콘텐츠에 어떤 해시태그와 함께 올릴지, 사람들이 어떤 장면에서 공감과 위로를 주고받는지 파악하는 열쇠는 이미지가 아니라 오히려 텍스트에 있다.

우리에게는 이미 '명작'으로 인식된 마네의 〈풀밭 위의 점심식사〉라든가 쇠라의 〈그랑드 자트 섬의 일요일 오후〉 역시 한 시대의 장면을 압축한 작품이다. 〈풀밭 위의 점심식사〉가 당시 파리 부르주아의 위선을 풍자했던 것처럼 '#운동하는직장인'은 '육체노동으로부터 도태돼 여가시간에 건강관리에 몰두하는 21세기 노동자'로 해석될 수 있으며, 〈그랑드 자트 섬의 일요일 오후〉가 파리 시민들이 주말 오후를 보내는 전형적 장면을 보여준다면 '#주말스타그램'은 '재충전이라고 하면서 시간과 체력을 모두 소진할 만큼 다양한 활동을 하는 열성 한국인'을 상징한다. 이처럼 특정 해시태그와 함께 나오는 인스타그램 이미지들은 '현시대의 장면'을 가장 정확하게 보여주는 사회학적, 역사적 기록이다.

해시태그 밖의 언어 : 브랜딩을 위한 언어

더 구체적으로 자신을 표현하는 언어

프랑스 파리 기반의 스웨덴 브랜드 아크네 스튜디오(Acne Studio)는 2006년부터 시작한 하이엔드 럭셔리 브랜드이자, 역사가 곧 자산인 럭셔리 브랜드가 자신의 자산을 언어로써 어떻게 구축할 수 있는지 잘 보여주는 탁월한 예이기도 하다.

아크네는 2016년부터 '아크네 아카이브'라는 방식의 온라인 컨셉스토어를 운영해왔다. 아크네 아카이브에서 선보이는 제품들은 이전 컬렉션의 제품군이나 쇼피스들이다. '스톡'(stock)이나 '아웃렛'(outlet)으로 표현할 법한 컨셉이지만 아크네는 '아카이브'(archive)라는 단어를 사용함으로써 자신의 헤리티지를 스스로 창조하고 브랜드 자산을 풍부하게 만든다. 그저 다른 언어를 사용했을 뿐이지만 효과는 엄청나다.

물론 패션계에서 아카이브는 전혀 새로운 어휘가 아니며 브랜드의 헤리티지와 브랜드 자산을 설명하기 위해 자주 사용된다. 그러나 그 어휘를 이월상품을 판매하는 48시간짜리 온라인 팝업스토어의 명칭으로 활용하면 (스톡홀름에 있는 동명의 오프라인 스토어로 먼저 시작했다) 자신만의 어휘를 바탕으로 브랜드 자산을 늘려가는 창의적 방식이 된다.

이제 아크네의 팬이라면 아카이브란 단어와 아크네를 자연스럽게 연결시킨다. 아카이브는 상대적으로 역사가 짧은 아크네에 가장 부족한 것이기도 하니 여러모로 탁월한 언어전략이라 하겠다. 게다가 아크네 아카이브 온라인 스토어는 공개와 동시에 품절되기 일쑤니 의미와 흥행성을 모두 갖춘 전략이다. 아크네 아카이브의 성공과 성장에 자극받은 다른 브랜드들도 (뉴욕의 하이엔드 럭셔리 브랜드인 3.1필립 립 등) 이월상품을 팔기 위해 '아카이브'라는 키워드를 써보지만, 이미 아크네 아카이브가 선점한 만큼 자신만의 존재감을 만들어가기에는 부족해 보인다. 자신만의 어휘가 아니기 때문이다.

오감 중 시청각만 사용하게 되는 디지털 공간에서는 브랜드건 사람이건 자신만의 어휘, 언어, 문법을 갖는 것이 중요하다. 코로나를 기점으로 세상은 예상보다 빠른 속도로 디지털에 재현되고 있다. 공간적 경험, 대면 경험도 중요하지만 더 많은 것들이 디지털 경험으로 전환된다고 할 때, 향기와 촉감을 전달할 수 없는 디지털 세상에서 브랜드가 사용하는 어휘는 고유의 '향기'와 '감촉'의 역할을

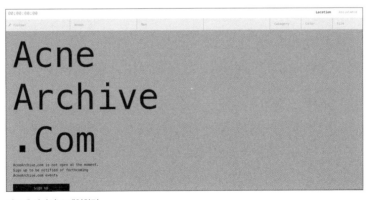

아크네 아카이브 메인화면

할 것이다. 오직 영상, 이미지, 언어로 심상을 전달하는 디지털 스페이스의 한계와 조건 때문에 오히려 '디지털 언어'의 스펙트럼은 더 넓어지고 더 정교해지고 있다.

디지털 스페이스의 언어가 정교해지는 것을 잘 보여주는 최신 사례로 얼그레이와 말차가 있다. '얼그레이'가 '홍차' 언급량을 역전했고, '말차'가 '녹차'를 역전했다. 보편적인 것, 가장 큰 것, 1조 시장을 공략할 수 있는 것, 1000억 매출을 올릴 수 있는 단일 카테고리란 이제 존재하지 않는 듯하다. 우리의 언어 사용 역시 그점을 보여준다. 수많은 홍차 종류를 모두 '홍차'라 불렀던 다소 무례한 구분에 용서를 구하듯 홍차는 이제 얼그레이와 다즐링, 아쌈, 실론 등의 이름을 얻어 본래의 자리로 돌아갔다. 얼그레이라는 구분도 최종 분류는 아니다. 프렌치 얼그레이, 잉글리시 블랙퍼스트 얼그레이, 베르가못 얼그레이 등 개인의 지식과 관심에 비례해 취향의 언어는 계속 심화된다.

어느 음료회사에서 신상품으로 '밀크티'를 출시한다면 이제 '고급 홍차'라는 설명만으로는 충분치 않다. (데자와의 패키지에 쓰인 설명이다.) 컬트적 코드로 마니아층을 확보하고 있는 데자와에 대해 나무위키는 이렇게 설명하고 있다.

"데자와란 명칭은 네덜란드어로 Te Java 즉 '자바 섬의 차'라는 뜻으로, 실론티가 스리랑카(=실론)를 표방하고 있는 것과 비교된다. 일단 캔에 표기된 걸 보면 홍차 추출액에 쓰인 홍차엽은 이름에 걸맞게(?)

인도네시아산이라고 한다. 근데 정작 네덜란드어의 데자와는 영국식 밀크티가 모델이고, 1993년에 출시했던 실론티는 레몬 홍차가 모델이라는 점만 겹치지 않는 제품이다."

홍차의 원산지와 원료에 해당하는 언어까지 까다롭고 섬세하게 따지는 소비자들에게 '패키지'에 담을 어휘는 브랜드의 진정성을 검증하는 요소다. 그러므로 이제는 그럴듯한 관련 단어의 조합에 안주해서는 안 된다. 신상 밀크티를 고민하는 담당자라면 어느 지역, 어떤 종류의 홍차를 어떤 온도의 우유와 어떤 농도로 배합하는지 구체적인 키워드로 제시해야 하며, 소비자들이 자신의 기호와 취향을 표현하기 위해 어떤 측정방법을 쓰고 있는지도 관심을 가지고 살펴봐야 한다. 소비자의 관심은 어쩌면 원산지의 영역을 넘어 '티스푼'이라든가 'ml' 단위의 배합과 조합으로까지 확장되었을 수도 있다. 어떤 영역의 언어가 확장되고 있는가? 어떤 영역의 언어가 발달하고 있는가? 해당 분야에서 자주 사용되는 언어의 흐름과 방향성을 주시해야 한다.

자신의 취향과 기호를 소개하는 언어가 발달하는 것도 디지털 언어 사용의 변화 중 하나다.

"립스틱 발색샷 – 색이 굉장히 옅게 올라가요! 촉촉하고 글로시하게 올라가고 패키지에 있던 컬러랑은 다른 색이네요. 웜톤 분들에게 굉장히 잘 어울릴 것 같은 채도가 살짝 짙고 낮은 코랄+말린장미 느낌이 나는 색이에요."

'좋아하는 색은 빨간색이에요'라고 말하는 것보다 '좋아하는 색은 채도가 살짝 짙고 낮은 코랄+말린 장미색입니다'라고 말하는 것이 자신을 더 선명하게 드러내는 방식이다. 자신의 기호를 표현하는 인덱스가 점점 풍성해지고 다차원이 되고 있다. 실제로 색 연관어로 '채도'와 '명도'를 말하는 사람들이 증가했고, 향수의 연관어로 '노트'라든가 'ㅇㅇ계열'이라고 구체적으로 표현하는 경우가 늘고 있다. 좋아하는 것을 묘사하기 위한 소비자의 언어 스펙트럼이 전문가 수준으로 발달하고 있다.

예컨대 '겨울 쿨톤'과 같은 피부 톤 표현에서도 섬세함을 찾아볼 수 있다. 피부 톤을 21호와 23호로 나눌 수 있었던 평화로운 시절은 이제 끝났다. 톤 언어는 적확한 묘사를 위해 세부의 세부로 진화한다. 봄/여름/가을/겨울 톤에, 뮤트/딥/브라이트/웜/다크의 조합을 얹어 자신에게 가장 정확한 톤을 만들어 표현한다. 막연히 '흰 피부'는 존재하지 않는다.

"저는 봄웜도 아니고 완전 여쿨도 아닌 5월 중후순톤 라이트인데 이런 저에게 어울리는 블러셔는 어떤 게 있을까요?"

기호와 취향의 영역을 넘어 타고난 '체질'과 '성향'에서도 사람들은 자신에게 최적화된 어휘를 찾고자 노력한다. 자기표현의 욕구와 차별화의 욕구가 그 어느 때보다 충만한 이 시대의 자연스러운 흐름이다. 자신을 표현하는 데 최적화된 단어를 포착했다면 그것을 자주 사용해 '내 것'으로 만들어낸다.

최근 자신의 체질과 성향을 설명하는 가장 대표적인 방식은 MBTI다. 소셜미디어 상에서 MBTI의 언급량이 혈액형을 역전했다. 4가지 유형밖에 없는 혈액형은 성격을 나누기에도 디지털 자아를 표현하기에도 너무 뭉툭해졌다. MBTI는 사람을 16가지 유형으로 세분화하고, 그 안에서도 A와 T 타입으로 나눈다. 덕분에 구구절절 쓰지 않아도 "나 인프피인데", "나 ESTJ인데"라는 표현만으로 자신을 묘사하기에 충분하다. '#INFP-T', '#ENTJ-A' 등은 셀카 없이도 나를 표현할 수 있는 가장 그럴듯한 키워드가 되었다.

지금까지 보았듯이 사람들의 성향과 취향과 기호와 관련한 모든 영역에서 최적화되고 세분화된 '퍼스널 언어'의 발굴은 필수다. 한때 유행했던 드림카카오 초콜릿의 56%/72%/99% 같은 표현법처럼, 뾰족한 나만의 언어를 선택할수록 오히려 더 많은 사람들이 공감한다는 아이러니가 디지털 시대 언어의 특징이다. 그러니 구체적인 표현을 사용하자. 'A형이면 공감'이라는 게시글보다 'INFP면 공감'이라는 게시글에 훨씬 댓글이 많이 달린다. 더 많은 사람들과 공감을 원한다면 범용적이고 평범한 단어보다는 가급적 뾰족하고 스스로의 정체성을 구체적으로 표현하는 퍼스널 언어를 만들어 사용해야 한다.

〈'혈액형' vs. 'MBTI' 언급 추이〉

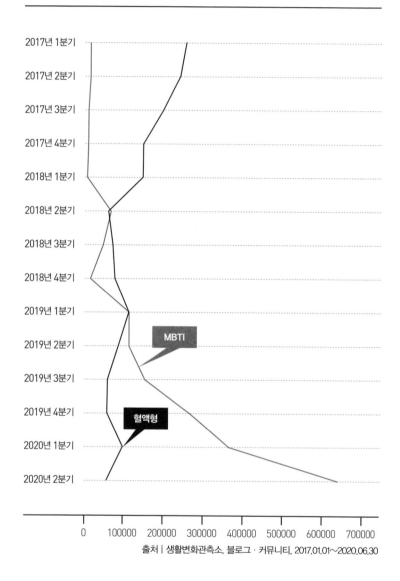

출처 | 생활변화관측소, 블로그 · 커뮤니티, 2017.01.01~2020.06.30

배려와 이해를 표현하는 언어

디지털 언어는 구체적인 표현과 묘사를 위해 심화되기도 하지만, 어떤 언어는 그 언어에 담긴 기류를 바꾸기 위해 다시 쓰이기도 한다.

언어의 세계는 현실세계보다 선진적이고, 이상적이다. 우리가 꿈꾸는 바가 아직 실현되지 않았을지라도, 이상적인 미래에 대한 의지가 담긴 언어들은 먼저 통용되고 확산될 수 있다. 큰 틀에서 오늘날 언어의 진화는 '평등'과 '배려'를 지향하는 방향으로 이루어진다. 평등과 배려가 부족했던 언어들은 더 격렬하고 급진적인 수술 작업을 거치고 있다.

특히 이런 현상은 현실 구어체보다 디지털 구어체에서 더 민감하게 일어나고 있다. 편견과 차별, 혐오와 왜곡을 유발할 수 있는 단어들에 대해 엄중한 검열이 시작되었다. "말꼬투리 잡는다"라고 혹은 "지나치게 예민하게 받아들인다"며 불편해하는 이들도 있지만, 아주 오랜 시간 말꼬투리도 잡지 않고 둔감하게 지나온 바람에 고착화된 문제들을 고쳐가려면 격렬해질 수밖에 없다.

최근 쿠팡맨은 여성 배송인력이 늘어나자 명칭을 '쿠친'으로 변경했다. 직업, 직위, 호칭에 'ㅇㅇ맨'으로 끝나는 단어들을 당연하게 여기지 않고 언어부터 고쳐가겠다는 다짐이 담긴 변화다. 소셜미디어의 긍정률도 상당히 높다. 모든 성별을 편견과 차별 없이 대하려는 의지가 담겨 있기 때문이다.

콘텐츠 제목에서도 변화의 흐름을 읽을 수 있다. 과학자 마리 퀴리를 그린 뮤지컬 제목은 '퀴리 부인'이 아닌 '마리 퀴리'다. 이와 같은 변화는 노벨상 수상자임에도 자신의 이름보다 누군가의 아내로 알려졌던 그의 정체성을 회복해주면서, 기득권층이 만들어 놓은 표현에 오랫동안 매몰되었던 고정된 인식을 환기시키는 역할을 한다.

"딸과 나란히 앉아 마리 퀴리를 본다. 라듐을 발견하는 건 서막에 불과하고 그 이후를 수습하고 책임지는 데 더 많은 시간을 보내는 이 작품이 애틋하다. 외국인 이민자에 여성이었던 마리. 나는 '퀴리 부인' 전기를 읽고 자랐지만 내 딸은 '마리 퀴리'를 읽고 자라니 세상은 그렇게 조금씩 바뀐다."

새로운 시대의 혁명은 언어에 담긴 기존의 권력과 편견을 걷어내는 것으로부터 시작한다. 낡은 개념을 새롭게 정의하고 언어에 갇힌 고정관념을 부수고 현상을 재해석하고 가장 평등한 이름을 붙여주는 것. 젠더 라벨링을 지양하고 어떤 직업, 지위, 역할이든 성별에 관계없이 공평하게 불릴 수 있도록 언어가 앞장서고 있다. 여배우, 여류작가, 여성 임원과 같은 표현을 배우, 작가, 임원으로 되돌리고 워킹맘은 워킹 페런츠로 변경해 부르려는 움직임이 활발하다. 그것은 예민함이나 과잉반응이 아니라, 우리의 인식을 지배하고 있는 고정관념으로부터 자유롭고자 하는 의지고 운동이다.
　언어의 배려심이 깊어지는 또 다른 사례는 '○○노동'이라는 어휘의 변화다.

'○○노동' 중 2017년 가장 많이 언급된 것은 '감정노동'이다. 콜센터 폭언, 서비스 상담원 폭언, 네일 아티스트에 대한 폭언 등 감정노동자들의 근로환경 문제가 사회적으로 대두되었고, 감정노동을 관리할 필요성에 대한 사회적 이해와 합의가 이루어지기 시작했다. 이를 계기로 2018년 감정노동자 보호법이 시행되었다. '몸을 움직여 일을 함'이라는 '노동'의 사전적 정의에 갇히지 않고 노동의 주체를 육체에서 감정으로 확장시킨 사건이다.

2018년 가장 많이 언급된 노동은 '꾸밈노동'이다. K뷰티, 유튜브의 '뷰티 콘텐츠' 열풍으로 화장품 업계는 계속해서 성장했으나 한편에서는 그에 대한 경각심을 늦추지 않고 과도한 외모지상주의를 비판했다. 탈코르셋 담론이 성숙해지면서 외모에 대한 가치관도 변화해, 남을 위해 자신을 꾸미는 행위는 '메이크업'이 아닌 '꾸밈노

〈'○○노동' 언급 순위〉

	2017년		2018년		2019년		2020년 (~8월)
1	감정노동	1	꾸밈노동	1	감정노동	1	가사노동
2	가사노동	2	감정노동	2	가사노동	2	감정노동
3	육체노동	3	가사노동	3	꾸밈노동	3	꾸밈노동
4	단순노동	4	육체노동	4	육체노동	4	단순노동
5	꾸밈노동	5	단순노동	5	단순노동	5	육체노동

출처 | 생활변화관측소, 트위터, 2017.01.01~2020.08.31

동'이라는 인식이 확산되었다. 외모를 꾸미는 행위가 '꾸밈노동'으로 명명되면서 많은 사람들이 원치 않는 화장에 시간을 쓰지 않아도 된다는 것을 자각했고, 더 많은 사람들이 외모로부터 자유로워질 수 있었다. 불필요한 화장품 소비를 지양하는 움직임도 늘어났다. 인식의 전환과 어휘의 전환은 한 산업의 성장세에도 영향을 미칠 수 있음을 보여주는 대표적인 예다.

코로나로 상당수가 재택을 선택해야 하는 2020년의 노동은 '가사노동'이다. 물론 그전부터 가사노동과 돌봄노동이 더 이상 '육아'나 '집안일'이라는 의무가 아닌 명백한 '노동'이며, 정당한 대우와 보상이 따라야 한다는 공감대가 형성되고 있었다. 그러다 코로나로 온라인 수업과 재택근무가 늘어나면서 가사노동의 중요성과 고단함에 대한 사회적 이해도가 한층 높아졌으며, 그 가치를 제대로 인정해야 한다는 논의가 이전보다 활발해졌다.

'스트레스'가 '감정노동'으로, '메이크업'이 '꾸밈노동'으로, '집안일'이 '가사노동'으로 새롭게 불릴 때의 사회적 이해심과 배려는 그 전과 전혀 달라진다. 더 많은 사람들의 인권을 고려하고, 더 많은 사람들의 주체성을 보호할 수 있게 된다. 그동안 당연하게 여겨왔던 일들의 수고로움을 생각하게 되고, 주목받지 못했던 가치, 배려받지 못했던 권리와 의무가 발언권을 갖게 된다. 문제제기조차 하지 않았던 낡은 인식들을 짚어볼 수 있는 계기 역시 마련되었다.

언어는 권력의 상징이었다. 어떤 사물, 현상, 개념에 이름을 붙이는 사람은 늘 소수의 권력자였다. 지금 감성과 감정에 명명권을 쥔 사람은 디지털 언어를 함께 만들어내는 '다수'다. 디지털 시대에는 누구든 언어권력의 주체가 될 수 있다. 언어 생산의 주체가 바뀌었다는 뜻이다. 이제 약자들은 호소력과 논리력을 바탕으로 자신을 대변하는 언어를 만들고 되찾고 전파할 수 있다. 배려심과 이해심 그리고 기존 사회에 대한 문제의식을 지닌 말들이 다수의 공감과 지지를 받으며 탄생하고 있다. 그 언어들을 면밀하게 관찰하고 더 자주 사용할수록 다수의 더 큰 지지를 얻을 수 있다.

브랜드 어휘력이 브랜드 진정성이다

2020년 여름, 러시 매장을 방문한 적 있는 사람이라면 아래와 같은 사과문을 보았을 것이다.

"베지테리언 및 비건 고객 여러분, 2020년 7월 21일 이전 제조된 립 스크럽이 베지테리언 및 비건 기준에 부합하지 않으므로 사용을 중단해 주시기 바랍니다. 환불을 원하시는 베지테리언 포함 모든 고객님께서는 직원에게 문의해 주십시오. 불편을 드려 죄송합니다."

이 사과문은 친절하거나 상냥하지 않다. '죄송합니다'로 시작하지 않고, 구구절절한 변명과 핑계도 없다. 대신 브랜드의 신념에 대한 자존심과, 그 신념을 지지하는 고객에 대한 배려가 있다. 고객을

새로운 시대의 혁명은 언어에 담긴
기존의 권력과 편견을
걷어내는 것으로부터 시작한다.

'베지테리언 및 비건'이라 부를 수 있는 언어감각과 '사용을 중단해주시기 바랍니다'라고 말할 수 있는 단호한 의지가 이 사과문의 핵심이며 브랜드의 어휘력을 보여주는 좋은 예다.

또 다른 예로, 뉴스레터 서비스인 뉴닉의 언어감각을 들 수 있다.

운동, 주식 등의 초보자를 지칭하는 용어로 'ㅇ린이'라는 조합이 사용되었다. 필자 역시 리포트를 쓰면서 찾아보고 정리했던 내용이었고 부끄럽게도 큰 문제의식을 느끼지 못했다. 그러나 어떤 사람들은 이 단어에 '어린이=미숙하다'는 시선이 녹아 있다고 생각했고, 그런 언어는 사용을 지양해야 한다고 믿고 '주린이' 편을 다룬 뉴닉에 이와 같은 내용을 전달했다. 뉴닉은 이 의견을 적극 수용해 앞으로는 'ㅇ린이' 대신 '초보자'나 '아마추어'를 사용하겠다고 말했다. "피드백으로 뉴스레터가 또 한발 나아간 느낌이 들었어요. 항상 좋은 의견 보내줘서 고맙습니다"라는 인사와 함께.

언어에 담긴 차별적 인식을 민감하게 감응하는 사람들이 늘어나고 있다. 그런 반응에 자신의 브랜드 철학을 바탕으로 빠르고 유연하고 포용력 있게 반응할 줄 아는 기업도 늘고 있다.

2010년대는 디지털 스페이스로 라이프스타일을 재현하는 시대였다. 아이폰의 등장과 함께 SNS 세상이 시작되었고 언제나 손안에서 접속 가능한 '디지털 자아'를 탄생시켰다. 당시 중요한 것은 SNS 피드에 전시되는 자아의 라이프스타일이었다. 어떤 경험을 하는지, 어떤 소비를 하는지, 어떤 이미지 콘텐츠로 피드를 채우는지가 무엇보다 중요했다. 소비와 경험이 '인증샷'이라는 이름 아래 가장 먼저 디지털 스페이스로 옮겨졌다.

이제 디지털 자아는 단순히 라이프스타일 콘텐츠를 진열하는 것으로 완성되지 않는다. 스타일을 넘어 '철학'과 '신념'의 성숙이 요구되는 시기가 왔다. 그가 사용하는 언어, 그가 가진 신념과 믿음이 그 사람을 온전히 보여주는 척도다.

이런 관점에서 중요한 것은 근사한 인증샷으로 대변되는 이미지나 영상이 아니라, 사용하는 어휘력의 사려 깊음이다.

사람들의 디지털 언어감각이 발달한다면 브랜드의 언어 사용도 달라져야 한다. 10월의 웜톤에 대한 니즈를 헤아리는 사람, '채도가 살짝 짙고 낮은 코랄+말린 장미색'을 이해하는 사람, 비건 고객의 깐깐한 기준을 아는 사람은 그 분야에 대한 지식과 애정이 가장 충만한 사람이다. 단순히 고객이 아니라 진정성 있는 '팬덤'을 원한다면 그 분야를 가장 사랑하는 사람들이 쓰고 있는 '언어의 깊이'를 공략해야 한다. 그 영역을 사랑하는 사람들이 자신의 사랑을 세밀하게 표현하기 위해 사용하는 가장 구체적인 언어를 발견해야 하고, 그 언어에 맞는 제품 커뮤니케이션을 해야 한다.

이를 위해 가장 먼저, 지금 소비자들이 자신의 취향을 표현하기 위해 사용하는 인덱스와 척도는 무엇인지, 우리는 그 수준의 척도에 들어갈 수 있는지 고민해야 한다. 수백 번 '진정성 있는 브랜드'라고 소개하는 것보다 소비자들과 같은 해상도의 언어를 사용하는 디테일한 언어감각이 더 영향력 있다.

또한 우리가 사용하는 언어에 배려심과 이해심이 담겨 있어야 한다. 이는 '착하고 상냥하고 친절한' 말투를 뜻하지 않는다. 배려심이란 상대방의 신념을 훼손하거나 약자를 폄하하지 않는 것을 뜻하며, 더 나아가 우리 브랜드가 내세우는 철학에 동조하는 사람들을 배반하지 않는 언어를 뜻한다.

이 두 가지 노력을 꾸준히 한다면 자연스럽게 '어휘력 풍부한' 브랜드가 될 것이다. 우리만의 어휘력이 브랜드의 차별적 콘텐츠가 된다는 점에서 브랜드의 어휘력은 디지털 시대의 새로운 브랜드 자산이다.

2020년 6월 트위터의 엔지니어링 팀장 마이클 몬타노는 모든 임직원에게 메일을 보내 '포용적 언어'를 사용하겠다고 밝혔다. 그가 말하는 포용적 언어는 "모든 사람을 존중하고 존엄하고 공정하게 대하는 것을 추구하는 언어, 모두를 그룹 안으로 끌어들이며 모두가 환영받는다고 느끼는 환경을 조성하는 데 필수적인 언어"다.[1] 블랙리스트(blacklist)를 블록리스트(blocklist)로, 화이트리스트(whitelist)는 얼로우리스트(allowlist)로 변경하고, '주인'을 뜻하는 마스터(master)나 '노예'를 뜻하는 슬레이브(slave)를 사용하지 않는 등 언어에 스민 인종차별과 신분제의 잔재를 없애는 작업이다.

언어에는 생명력이 있다. 낡은 언어는 도태되지만 그를 거름 삼

---

1) "(Pick) '블랙' 리스트 OUT…IT업계, 인종차별 용어 변경 앞장", SBS뉴스, 2020.7.18.

아 새로운 언어가 또다시 탄생한다. 언어가 자라나며 '마디'를 만드는 지점이 있다. 우리 사회의 인식이 진화하고 있는 흔적이다. 더세밀해지는 언어, 더 평등해지는 언어, 정체성을 표현하는 언어, 더많은 사람을 배려하는 언어, 장면을 함축하는 언어의 성장과 자람에 주목하자. 언어의 성장이 만들어내는 '마디'를 읽지 못하면 우리의 언어는 새로운 가지를 뻗을 수 없다.

우리 브랜드만의 고유한 어휘력을 기르자

우리 브랜드를 소개하는 방식, 브랜드의 사용설명서, 브랜드의 디지털 콘텐츠는 진부하지 않고 시대의 언어감각을 잘 반영하고 있는가? 우리 브랜드가 사용하는 모든 어휘는 우리 브랜드의 자산이다. 우리 브랜드만의 어휘력을 지닌다는 것은, 우리 브랜드만의 차별적 자산을 갖는다는 의미다.

우리를 표현하는 가장 구체적인 언어를 찾고, 가장 사려 깊은 언어를 고민하자

우리 브랜드를 잘 대변하면서도 사려 깊은 언어를 고민해야 한다. 사려 깊음은 '상냥함'이 아니다. 우리 브랜드가 믿고 따르는 철학을 가장 잘 드러내는 언어가 가장 사려 깊은 언어다. 우리 브랜드가 비건을 지향한다면, 비건 고객에게 가장 사려 깊은 언어를 연구하고 고민해야 한다. 그 고민이 브랜드의 '진정성'을 만든다.

Chapter 8.

디지털이 바꾼
소비자의 행동방식

—— 신수정 ——

오늘날 디지털은 소비의 영토를 넓히고,

소비의 주권을 이동시키고, 소비의 새로운 규범을 써내려가고 있다.

이 세계를 살아가는 소비자들이 디지털로 돈을 벌고,

명성을 얻고, 이상을 실현하는 방식은

어떻게 변화하고 있을까?

* *
* *
* *
* *
* *
* *
* *
* *
* *
* *
* *

모든 시대는 꿈을 꾼다

1980년대에 젊은 시절을 보낸 필자의 부모 세대(베이비부머)의 꿈은 해외에서 성공하는 것이었다. 그들의 일부는 학연, 지연으로부터 자유롭고 노력하는 만큼 얻어갈 수 있다는 '아메리칸 드림'을 꿈꾸며 미국행을 택했고, 또 다른 일부는 당시 한국에 일었던 '중동 건설붐'을 좇아 사우디를 비롯한 중동 건설현장으로 향하기도 했다. (미국에 사는 친척이 미제 옷을 사다준 경험이나 집안의 낡은 사진첩에서 사막 한가운데 서 있는 아버지의 젊은 시절 모습에 낯섦을 느꼈던 기억은 1970~80년대생에게 드물지 않은 경험일 것이다.)

물론 그들의 삶은 녹록지 않았다. 미국 이민을 택했던 사람들은 세탁소나 슈퍼마켓 같은 소규모 자영업으로 힘겹게 그 시절을 버텨냈고, 중동행을 택했던 사람들은 육체적 고단함은 물론 가족과 떨어져 지내는 외로움까지 견뎌야 했다. 그럼에도 그들은 견뎌냈다. 당시 외국 사람들에게 비친 우리나라 '근로자'들은 "집안은 가난하고, 나라도 정치·경제적으로 위태로운 악조건에도 가족을 먹여 살린다는 일념으로 묵묵히 일한"[1] 사람이었다. 그 시대 젊은이들은 열심히 일해서 후대는 자신과 다른 풍족한 환경에서 자라게 하기를, 더불어 나라도 부강하게 만들기를 꿈꿨다.

1990년대 말과 2000년대 초에 걸쳐 젊은이들(X세대)이 꾼 꿈은 IT 기술에 있었다. IMF 외환위기 직후 침체된 경기를 부흥시키기 위해 정부에서 전폭적으로 지원한 까닭이 컸다. 전국에 초고속 인터넷망이 초고속으로 깔리고, 대학 실험실에서 사업을 시작한 젊은 창업가들이 대거 등장하며 '벤처붐'이 일었다. 19세기 미국에서 일었던 골드러시처럼 1998년 기준 2000여 개에 불과하던 벤처기업은 2001년 1만 개를 넘어섰다. 이후 벤처붐이 꺼지면서 거품도 많았음을 알게 되었으나 이 시기를 버티고 살아남은 1세대 벤처들은 IT 대기업으로 자리잡았다. (1994년 창업한 넥슨, 1995년에 창업한 다음커뮤니케이션(현 카카오), 1997년에 창업한 엔씨소프트, 1999년에 창업한 네이버가 대표적이다.) '전 세계 인터넷 속도 1위'라는 지표는 국가에 대한 자긍심과 더불어 이 빠른 인터넷 속도와 디지털 기술이 무언가 가능하게 할 것이라는 막연한 꿈을 꾸게 했다.

그로부터 20여 년이 지난 2020년. 지금 우리 시대는 어떤 꿈을 꾸는가? 매 시대 젊은이들의 꿈이 그랬던 것처럼 돈을 많이 벌고, 명성을 얻고, 이상을 실현하고 싶다는 꿈의 골자는 바뀌지 않았다. 다

---

1) 정지섭, "[세계가 본 한국] 사우디 '한국 근로자들 그리워… 韓流, 40년 前 우리 王國서 시작'", 조선일보, 2014.11.19.

만 꿈을 이루기 위한 방법은 달라졌다. 우리는 이제 디지털을 바라보고 있다. '맥월드 2007'에서 스티브 잡스가 아이폰을 들고 나와 "인생 전체를 주머니에 넣고 다니"게 될 것이라고 확언한 이후 우리의 삶은 완전히 바뀌었고, 또 바뀌고 있다.

주목할 점은 디지털 이주의 역사가 길어지면서 오늘날 소비자의 정체성과 역할도 변하고 있다는 점이다. 디지털 월드는 제품과 콘텐츠를 써 없애는 '소비'가 아니라 많은 사용자가 담론에 '참여'하고 직접 콘텐츠를 만들어내는 '창작'으로 이루어진 세계다. 디지털 월드에서 '눈팅'만 하던 이들은 자신이 업로드한 콘텐츠로 소통하고, 그 콘텐츠로 돈을 벌 수도 명성을 얻을 수도 있다는 것을 알게 되었다. 오프라인처럼 높은 임대료와 복잡한 개업절차를 거치지 않고도 온라인 플랫폼을 통해 가볍게 사업을 시작하고, 직접 해외에 가지 않고도 해외 구독자라는 새로운 시장을 개척할 수 있음을 알게 되었다. 또한 구매한 제품을 추천하고 후기를 공유하던 것에서 SNS로 연결돼 있는 사람들에게 좋은 기업을 '칭찬'하고, 나쁜 기업은 불매를 선언하고 소비자 행동강령을 배포하며 '벌'할 수도 있음을 알게 되었다. 그뿐인가. 국민청원 홈페이지에 동물학대 시설에 대한 입장을 피력하고, 나와 생각을 같이하는 청원에 동참해 힘을 보태며 현실세계를 바꿀 수도 있음을 알게 되었다. 지금 이 시대의 가능성과 기회의 대다수가 디지털로 옮겨가고 있는 것이다.

디지털은 이제 가히 '디지털 공화국'이라 할 만큼 고유의 문화와 율법을 가진 나라가 되었고, 이 나라의 문화와 율법은 현실세계의 법칙을 바꾸고 있다. 지금의 젊은 세대(MZ세대)는 이 디지털 공화국의 네이티브로 태어난 시민이며, 수많은 기성세대는 공화국 영주권을 얻기 위해 고군분투하는 중이다. 기성세대의 문법으로 쌓아 올린 거대기업들도 이 공화국의 율법을 익히지 못하면 더 이상 성장을 기대할 수 없다.

소비의 영토를 넓히고, 소비의 주권을 이동시키고, 소비의 새로운 규범을 써내려가고 있는 디지털. 디지털 공화국의 시민이자 이 시대의 소비자들이 디지털로 돈을 벌고, 명성을 얻고, 이상을 실현하는 방식을 알아보자.

돈을 버는 방식 : 생산적 소비

앞서 디지털이 출현시킨 새로운 소비문화에 대해 매우 거창하게 포문을 열었는데, 이제부터는 아주 작은 것부터 이야기해보자. 이를테면 쿠팡과 마켓컬리, 쓱닷컴과 네이버 스마트스토어에는 왜 그렇게 고객 리뷰가 많은가? 판매자에게 전달하고 싶은 의견이나 다른 구매자에게 도움이 되었으면 하는 순수한 의도도 있겠으나, 후기를 작성하면 보상이 주어진다는 점을 무시 못할 것이다.

이들 플랫폼에서 사람들은 대개 한 번에 4만 원 이상을 주문한다. 무료배송 때문이다. 그렇다면 대략 5개 정도의 상품을 주문하게 될 텐데, 상품평 하나당 100원을 준다고 가정하면 500원을 벌 수 있다. 얼핏 '정신승리'로 보일 수도 있는 푼돈이지만 어차피 사야 할 생필품, 얼마 안 되는 노력으로 몇 백 원이라도 아끼고자 사람들은 자신에게 가장 득이 되는 방식으로 최적의 선택을 하는 것이다. 플랫폼도 구매 고려자들에게 도움 되는 훌륭한 리뷰를 작성한 사용자에게 '베스트리뷰', '파워리뷰어' 등의 이름을 부여하며 도전욕구를 자극한다. 이에 부응해 사람들도 '복붙'(복사와 붙이기)해서 작성하던 후기를 좀 더 정성스럽게 쓰고, 더 많은 추천을 받기 위해 가슴속에 잠들어 있던 글짓기 요정을 끄집어내기 시작했다.

> "네이버 한달 리뷰 꽤 괜찮네요. 저 4개 하고 천원 벌었어요 ㅋㅋ 앞으로는 잊지 말고 해야겠어요"
> "마켓컬리 이번달까지만 7% 적립이라 또 주문 ㅋ 적립금 모으는 재미 ㅎㅎ 담달에 한번에 쓰려고요"
> "오늘은 리뷰 쓰는 날 차곡차곡 리뷰 포인트 쌓았습니다 ^^ 새벽배송이랑 티몬 구매 리뷰 썼어요~ 쓱배송은 한달에 20개 한정 개당 100포인트 적립가능해서 오늘 2천 포인트 겟했고요, 티몬은 한 건당 10원 적립 오늘 10건 적립했습니다~~ 이렇게 모은 적립금으로 장바구니에 넣어둔 생필품들 구매할 예정이에요 ^^"

리뷰 작성이 단지 돈벌이 수단이기만 한 것은 아니다. 사람들은 본인이 후기를 '창작'하고 '보상'을 받는 것에 대해 소소한 재미도 있고 기분도 좋아진다고 말한다. 요컨대 자신의 소비가 소비에 그

〈'쇼핑' 연관 속성 순위〉

	2017년		2018년		2019년		2020년(~8월)
1	가격	1	가격	1	가격	1	가격
2	선물	2	후기	2	후기	2	후기
3	후기	3	선물	3	선물	3	정보
4	사이즈	4	사이즈	4	사이즈	4	선물
5	브랜드	5	브랜드	5	브랜드	5	가성비
6	정보	6	정보	6	정보	6	사이즈
7	디자인	7	디자인	7	스타일	7	이미지
8	스타일	8	스타일	8	디자인	8	브랜드
9	재료	9	재료	9	가성비	9	인기
10	컬러	10	가성비	10	재료	10	스타일

출처 | 생활변화관측소, 블로그 · 커뮤니티, 2017.01.01~2020.08.31

치지 않고 무언가를 만들어낸다는 '생산'의 감각까지 자극한다는 것이다. 디지털 공화국에서 이 생산의 감각은 숫자로 표현되며, 실시간 업데이트된다. (숫자, 즉 데이터처럼 만국 공통이며 해석의 여지가 적은 커뮤니케이션 수단이 또 있을까?)

　개인이 소비를 통해 생산하는 콘텐츠는 구매 프로세스의 매 단계 생겨난다. 특정 플랫폼에서 첫 구매 혜택을 '받고', 구매한 상품의 후기를 작성해서 포인트를 '받고', 친구를 추천해서 적립금을 '받고', 구매한 장바구니 리스트를 '포스팅'하고, 구매 영수증을 '포스팅'하기까지 모든 소비활동은 콘텐츠가 되고 있다. 어떤 생산성을 추구할 것인가는 순전히 개인의 취향에 달려 있다. 적극적으로 리뷰를 작성해서 베스트 리뷰어가 되든 깨알같이 영수증을 인증해서 소소한 재미를 보든, 어찌되었든 디지털 세상에서 '소비'는 쓰고 없어지는 것이 아니라 콘텐츠를 만들어내는 활동이 되며, 디지털 플랫폼은 이러한 소비자의 활동을 기반으로 진화하고 있다.

벌이가 한정된 평범한 월급쟁이가 자산을 늘려가는 고전적인 테크트리(결혼 후 낮은 금리로 주택담보대출을 받아 주택을 매입한다 → 매입한 집을 전세를 놓고, 본인은 그 집의 전세금으로 미개발 지역에 주택을 다시 매입한다 → 원 주택과 미개발 지역 집값이 오르면 되팔아 차익을 갖는다)는 무엇보다 과연 결혼을 할지가 의문이고, 적지 않은 대출이자를 혼자 감당하기는 부담스럽고, 미개발 지역에 살기에는 자신의 젊은 날이 아까운 젊은 세대에게 너무 먼 미래다. 차라리 '동학개미운동'에 참여해 대장주 주식의 배당금을 받고, 주식 단타로 스타벅스 카페라떼 값을 벌고, 1만 보를 걸으면 100원을 주는 토스 앱의 매일 미션을 완수하고, 나에게 필요 없는 포인트를 되파는 등의 '짠테크' 활동이 당장 실현 가능하고 성취를 확인하며 보람도 느낄 수 있다. 디지털은 아주 작은 단위의 금액도 사람을 거치지 않고(즉 눈치보지 않고) 시간과 공간, 횟수에 제한 없이 운용할 수 있게 해주었다.

"어제는 주식 단타로 해장국 한 그릇 벌었고, 오늘은 스벅 카페라떼 벌었다. 해장국이랑 라떼 안 사 먹었으니 수익은 x2?!!"

"오늘도 월재연 덕분에 부수입을 창출했어요. 중고 기프티콘 판매 3
건 20,660원 네이버 마이플레이스 1,250 포인트 삼성전자 배당금
1,416원 토스만보기 100원 캐시워크 100캐시 팔라고 1000 마일리지
24,526원 재미가 쏠쏠합니다"

디지털은 100원 단위 수입 말고도 다양한 부수입 창출을 가능하
게 한다. 직장인 2대 허언 중 하나가 '유튜브 할 거다'라지만 이 말
이 소셜미디어에 회자될 수 있었던 것은 그만큼 많은 이들이 조직
에 몸담고 견디며 버는 본업 수입 외에 자유롭게 자신의 창의성과
매력을 발산하며 버는 '부수입 있는 삶'을 꿈꾸기 때문이다. 실제
로 지식거래 플랫폼인 '크몽'에서는 코로나19로 재택근무를 하는
동안 자투리 시간을 활용해 투잡을 뛰는 프리랜서가 늘었다고 한
다. 직장인의 명함을 가지고 있으면서 동시에 자기만의 명함을 파
는 데까지는 단지 계기가 필요했을 뿐이고, 어떤 사업을 할지 아이
디어를 구상할 시간이 필요했을 뿐이었던 것 같다.
　자신의 블로그에 쿠팡에서 판매 중인 제품에 대한 글을 올리고
블로그 방문자가 그 제품을 구입할 경우 일정 수수료를 받는 쿠팡
파트너스, 스토어 개설이 간단하고 판매수수료가 저렴해 사업 아이
디어를 부담 없이 시험하고 검증해보기 좋은 스마트스토어, 자신의
플랫폼에서 프리랜서력을 시험해보라는 크몽까지, 디지털 플랫폼
은 이제 소비자를 단순한 고객을 넘어 파트너로 바라보기 시작했
다. 소비자 또한 불확실한 미래와 저성장, 자아실현이 어려운 업무

환경에서 오는 불안과 스트레스를 '탕진잼'으로 해소하던 것에서 탈피해 나만의 업(業)을 만들어 능력과 노력을 다해 도전하고, 성취하고, 발전하는 데에서 자신의 '의미 있음'을 느끼기 시작했다.

유튜브 콘텐츠 제작을 도와주는 툴은 얼마든지 있고, 쿠팡 파트너스 활동의 수익률을 높이는 법, 네이버 스마트스토어에 자신의 상품을 상위 노출시키는 법 등 수익창출과 사업운영의 꿀팁은 디지털 월드에 차고 넘친다. 디지털의 진화는 소비자를 단순히 '소비하는 사람'에 머물지 않고 플랫폼을 토대로, 인터넷에서 검증된 정보를 무기로 눈에 보이는 결과물을 '생산하는 소비자'로 진화시키고 있다.

"디자이너 직장인 스마트스토어 개설부터 사입도전 시작!! 스토어 개설 5일차예요. 스마트스토어는 처음이라 관심 있는 것부터 소량으로 사입해보고 상품등록 해봤어요. 새로운 도전이라 너무 설레네요~"
"스마트스토어 오픈하고 한 달 정도 어떻게 마케팅을 해야 하나 고민을 하던 중이었습니다. 유튜브로 정보 찾아보고 공부했는데 창업다마고치님의 구체적이고 새로운 연결법, 그리고 개인도 가능한 마케팅 강의가 큰 도움이 되었습니다. 스마트스토어뿐만 아니라 책 출간, 마케팅 강의 등등 날로 성장하는 창업다마고치님을 보면서 자극도 받고요 매출이 안 일어나서 앉아서 고민만 하시는 분들에게 적극 추천합니다."

고객은 소비자가 아니다.
그들은 우리 브랜드의 성장과 과실을
공유하는 파트너다.[2]

---

2) 2020년 8월 27일, 증권업계 간담회에서 은성수 금융위원장이 개인투자자를 위한 제도개선 배경
을 밝히며, "개인투자자를 우리 증시의 성장과 과실을 공유하는 파트너로서 인정"하자는 표현을
차용.

오늘날의 명성 : 원하는 것은 권력도 돈도 아닌 '영향력'

디지털은 소비에 '생산성'이라는 가치를 실현할 수 있게 하며 소비의 영토를 넓혔을 뿐 아니라 소비자의 위상과 권리 또한 변화시켰다.

2017년 3월, 페이스북에 '오이를 싫어하는 사람들의 모임' 페이지가 개설되었을 때, 유난해 보일까 봐 김밥에 든 오이를 남몰래 빼내던 사람들은 해당 페이지에 달려가 '좋아요'를 누르며 열렬히 환호했다. 어딘가 숨어 있던 가지를 싫어하는 사람들, 당근을 싫어하는 사람들, 브로콜리를 싫어하는 사람들도 줄지어 등장했다.

오프라인에서는 대놓고 말하지 못했고 '그냥 먹으라'는 말로 무시되기 일쑤였던 취향을 디지털에서는 마음껏 드러낼 수 있고, 취향이 같은 누군가와 연결돼 동질감도 느낄 수 있다. 좋아하는 것에 대한 '개취존'(개인취향존중)뿐 아니라 싫어하는 것에 대해서도 '싫존주의'(싫어하는 것도 존중하자는 주의)를 외치며 각자의 가치관을 존중하고 다양성을 인정하는 것은 디지털 시대의 미덕이 되었다.

과거에는 개인의 정체성이 주로 라이프 스테이지에 따라 나뉘었다면, 오늘날의 정체성은 반려동물을 키우는 '반려족', 집에서 모든 걸 해결하는 '홈족', 캠핑을 좋아하는 '캠핑족' 등 개인의 취향에 따라 다양해진다. 나를 설명하는 정체성이 하나인 것도 아니다. 디지털에서 개인은 각기 다른 컨셉과 용도의 부계정을 만들어 다양한 정체성을 선언하고, 실현한다.

디지털은 나의 정체성을 선언하는 곳인 동시에 나의 정체성을 발견하는 곳이기도 하다. MBTI 검사를 필두로 2020년을 강타한 다양한 성격유형 테스트들은 지금의 젊은 세대가 자신의 정체성을 인정받고 싶어 하는 만큼이나 자신의 정체성을 찾고 싶어 한다는 것을 보여준다. 인터넷에 유행하는 성격 테스트는 정체성을 찾는 손쉬운 방법이다.

지금의 젊은 세대는 왜 이렇게 정체성을 필요로 할까? 예전에는 가족이나 조직이 개인의 정체성을 정해주었다면, 이제는 다른 사람과 구분되는 자신의 정체성을 스스로 정의해야 경쟁력이 생기기 때문이다. 모두가 '영감'을 받고 자기만의 콘텐츠를 창조하는 '아티스트'이자 '크리에이터'인 시대에 인스타그램 계정이라도 만들라치면 나를 설명하는 키워드가 필요하다. 성격 테스트가 말해주는 나는, 내가 태어난 곳이나 내가 사는 곳이 말해주는 나보다 실제의 나와 가깝게 느껴진다. 나를 이해하고 설명하기도 한결 쉽다.

"mbti 나 이엔에프피 나왔는데 어쩜 이렇게 딱 맞지 ㅋㅋㅋ 완전 나야… 넘나 웃기다 내가 뒷심이 없는 건 원래 내 성향이었어!!! 내가 게으른 게 아니었던 거야 ㅋㅋㅋ"
"그동안 모녀 관계가 왜 이리 들쑥날쑥 인지 알았어. mbti 성격유형검사에서 나=infp 엄마=estj 나옴. 현실보다 상상에 의존하는 나를 항상 꾸짖었던 엄마. 달라도 이렇게 다를 수가 없다 ㅎㅎ"

나만의 이름을 갖고 싶은 욕구와 어딘가에 속하며 동질감을 느끼고 싶은 욕구는 결코 다른 것이 아니다. 이름은 혼자 소유할 때가 아니라 다른 사람이 불러줄 때 의미 있으며, 따라서 나만의 이름을 갖기 위해서는 어딘가에 속한 누군가의 인정이 필요하다. 코로나19로 오프라인 강의가 연달아 취소되자 대안을 찾기 위해 책을 썼다는 스타 강사 김미경 씨 또한 청중 없는 그때를 떠올리며 "자기 청중, 자기 말을 들어주는 사람이 없으면 새로운 길로 갈 수 없다는 걸 사무치게 느꼈다"고 말한 바 있다. 강연자들에게만 국한된 이야기는 아닐 것이다. 디지털에서도 내가 올린 게시글에 댓글이 달려야 내 콘텐츠가 어떻게 받아들여졌는지 알 수 있고, 콘텐츠 창작자와 참여자가 '댓글 달리기'를 하며 공감대를 형성하거나 새로운 담론을 만들 때 비로소 소통의 희열을 느낄 수 있다. 관계성. 그래서 디지털 월드에서는 긴 글을 쓴 작성자의 수고보다 오히려 긴 글을 다 읽은 사람에게 '긴 글 읽어주셔서 감사'함을 표해야 마땅하고, 작성자 마음대로 댓글을 금지하거나 지우는 행위는 디지털 문법을 어긴 것이 된다.

요즘 많은 입사지원서에 등장하는 '선한 영향력을 끼치는 사람이 되고 싶다'는 문장도 예전의 표현과 비교해보면 흥미로운 지점이 있다. '선한 영향력'은 혼자 하고 마는 '선행'도 아니고, 혼자 탑재하고 있으면 되는 '개념'과도 다르다. 어째서 사람들은 선행을 실천하겠다, 개념 있는 사람이 되겠다가 아니라 '선한 영향력'을 행사하는 사람이 되겠다고 하는 걸까?

〈'선한 영향력' 언급 추이〉

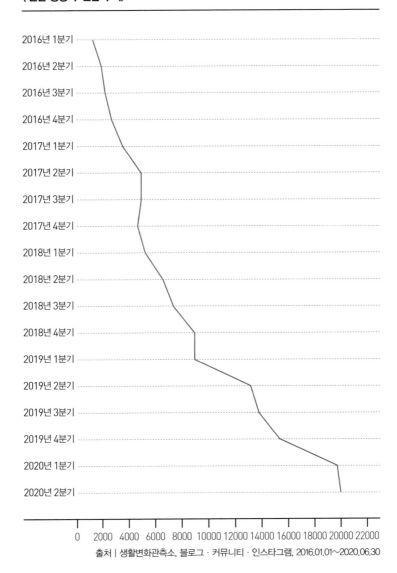

출처 | 생활변화관측소, 블로그 · 커뮤니티 · 인스타그램, 2016.01.01~2020.06.30

선한 영향력을 갖기 위해서는 우선 영향력이 있어야 하는데, 영향력의 중요 포인트는 혼자서는 발휘할 수 없다는 것이다. 자격과 직위를 득해 일방적으로 휘두를 수 있는 '권력'이나, 가치가 고정돼 있어 언제든 교환 가능한 '돈'과도 다르다. '영향력'은 발휘하기를 '바라는' 어떤 사람 A와 그것을 수용하기로 '선택'한 어떤 사람 B라는 '관계'를 상정한다. 개인이 소셜미디어에 만들어낸 콘텐츠에 팔로어가 '좋아요'를 눌러주었을 때, 다른 유저가 구독 신청을 해주었을 때에야 비로소 개인은 영향력을 가진다.

이처럼 '선한 영향력'이라는 키워드는 오늘날 힘이 어디에서 나오고, 그 힘을 어떻게 써야 하는지를 드러낸다. 수많은 인스타그래머가 '#fff'(follow for follow)를, 수많은 유튜버가 '구독'과 '팔로우'를 외치는 것도 그런 이유에서다. 구독과 팔로우는 말하자면 다수의 디지털 권력이 개인의 영향력을 승인하는 절차다.

기업은 디지털 세계에서 정체성과 의미를 찾고 영향력을 갖고 싶어 하는 소비자들과 어떻게 관계를 맺어야 할까? 블랙야크 알파인 클럽(Blackyak Alpine Club, BAC)의 사례를 소개하고 싶다. BAC는 블랙야크가 개발하고 운영 중인 앱 기반의 소셜 액티비티 플랫폼으로 등산, 백패킹, 캠핑 등의 아웃도어 액티비티를 즐기는 사람들을 위한 일종의 커뮤니티다. 2013년에 서비스를 론칭한 이래 2019년에 10만 회원을 확보하더니, 코로나19 이후 등산 트렌드가 확산되면서 2020년 6월에는 16만 명을 넘어서 국내 최대 산행 플랫폼으로 자리잡았다. 레드오션이자 '지는 해'였던 아웃도어 시장에서 블랙야크는 어떻게 살아남을 수 있었을까?

블랙야크는 브랜드의 지속가능성을 위해서는 외연을 확장하기보다 브랜드 코어에 집중해야 한다고 보고 2015년부터 브랜드의 핵심가치인 알피니즘(alpinism) 문화 확산에 주력했다고 한다. 특히 일방적으로 전달되는 마케팅보다 개개인이 알피니즘 문화를 경험하고 참여할 수 있도록 돕는 커뮤니티 활동에 집중하기로 하고 앱 기반의 BAC에 전력했다. 앱 이용자가 직접 참여할 수 있는 '100대 명산 챌린지' 콘텐츠를 만들고, 챌린지 신청을 하고 매장을 방문하면 인증 타월을 제공하고, 정상에서 인증샷을 찍어 앱에 업로드하면 10좌를 완등할 때마다 인증 패치를 주고, 100좌를 다 완주하면 완주증을 주고 관련 행사에 초청하는 식이다. 최근에는 등산학교 'BAC 아카데미'를 만들고 '클린 마운틴 365' 캠페인 같은 자연보존 활동도 펼치며 등산문화의 저변을 넓혀가고 있다.

언제 성과가 날지 모르는 브랜드 활동을 수년간 지속할 수 있었던 것은 브랜드가 추구하는 가치에 대한 뿌리 깊은 믿음이 있었기 때문 아닐까? 지속한다는 것. 수많은 이슈가 생겨났다가 없어지는 이 시대에 어떤 가치를 위해 들인 '시간'만큼 진정성을 강력하게 보여줄 수 있는 것도 없을 것이다.

"블랙야크 100대명산 7좌 청계산 정상 매봉에 도착했어요. 클린하이킹 클린마운틴도 완료! 비가 와서 평소보다 오래 걸리고 발걸음이 무거웠지만, 그렇게 힘든 산은 아니었어요. 길도 잘 닦여있고! 높이도

그가 나의 채널에 구독을 눌러주기 전에는
나는 다만
하나의 몸짓에 지나지 않았다.

그가 나의 채널에 구독을 눌러주었을 때,
나는 그에게로 가서
의미가 되었다.[3]

---

3) 김춘수의 시 〈꽃〉의 한 구절을 패러디.

높지 않아서 수월하게 오를 수 있는 산이랍니다. 블랙야크100대명산, 청계산 난이도 별점 제 점수는요~ 5점 만점에 1.5점!! 등린이분들에 게 강력 추천합니다 :D"

새로운 소비자가 요구하는 정신 : 윤리적 감수성

디지털 공화국에서 다수에게 인정받아 영향력을 가지려면 어떤 콘텐츠를 만들어야 할까? 소셜미디어 팔로어 수는 내가 어떤 발언을 하느냐에 따라 갑자기 늘기도, 우수수 떨어져 나가기도 한다. 팔로어들과 나의 코드가 얼마나 일치하는가, 팔로어들과 나의 가치관이 얼마나 같은가에 따라 나의 콘텐츠는 믿고 보는 콘텐츠가 되기도, 믿고 거르는 콘텐츠가 되기도 한다. 더 많은 팔로어를 확보하기위해, 더 많은 영향력을 갖기 위해, 궁극적으로 더 많은 동시대인들과 소통하기 위해서는 지금의 시대정신이 어디로 향하는지 감각하는 것이 중요하다.

2017년 7월, 인터넷 커뮤니티 포털 '디시인사이드'가 한 가지 흥미로운 설문결과를 내놓았다. 질문은 '현타(현실자각타임)와 탈덕(팬활동을 그만둠)을 부르는 스타들의 행동은?'이었는데, '인성 부족', '실력 부족', '외모 역변', '팬과 연애' 등 24개의 문항 중 1위는 '탈세 및 횡령'이었다. 외모와 실력에 반해 '팬질'을 시작했더라도 탈세는 참을 수 없다는 것이다. 험난한 입시지옥과 취업절벽을 몸소

겪고 있는 젊은 세대에게 노력 없이 차지한 자리는 그 누구라도 죄가 된다. 소셜미디어 상에서도 타고난 '능력'보다 '노력'을 중요시하는 흐름의 변화가 나타난다.

"아무 노력 없이 사랑받는 것들이 싫어"
"스스로는 사랑받는 아버지가 되고 싶으신가 봅니다 근데 노력을 안하세요 존경받기보다 먼저 존경받을 만한 사람이 되어야 하는 거 아닌가요?"

뛰어난 '능력'은 '감탄'하게 되고, '잘나가기' 위한 조건이지만 나와 공감대가 약하다. 반면에 '노력'은 힘들지만 '뿌듯'하고, '사랑받기' 위해 누구에게나 필요한 것, 그리고 그 성취에 대해 '박수' 받기에 충분한 것이다. 오늘날 젊은 세대는 권위와 존경받을 자격은 '자리'에서 나오는 것이 아니라 '노력'에서 온다고 말한다. 이들이 유난한 것일까? 밀레니얼과 Z세대의 특성으로 거론되곤 하는 '공정성' 추구는, 이 세대가 갖고 태어난 생래적 특성이라기보다 자신이 처한 상황과 대한민국에서 일어난 일련의 사건(최순실 사태를 비롯한 여러 기업과 기관의 채용 비리 등)을 겪으며 체득한 것에 가깝다. 세대가 시대와 조응하며 진화한 것이다.

새로운 세대의 새로운 감수성을 반영하는 디지털 월드에서, 피해야 하는 것은 무임승차고 성취해야 하는 것은 스스로 이뤄낸 성공이다. 계승받은 사람은 롤모델이 될 수 없지만 개척해간 사람은 롤

〈'사람' 연관 '능력' vs. '노력' 언급 추이〉

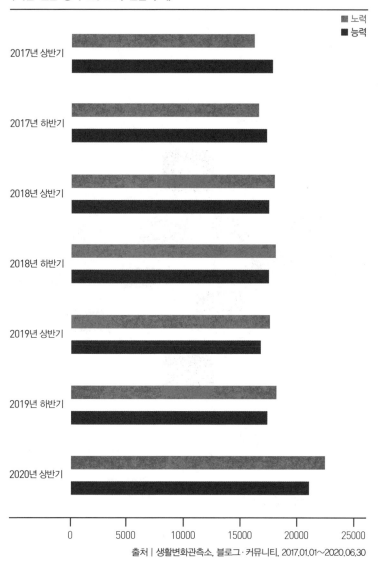

출처 | 생활변화관측소, 블로그 · 커뮤니티, 2017.01.01~2020.06.30

〈'사람' 연관 '능력' vs. '노력' 감성〉

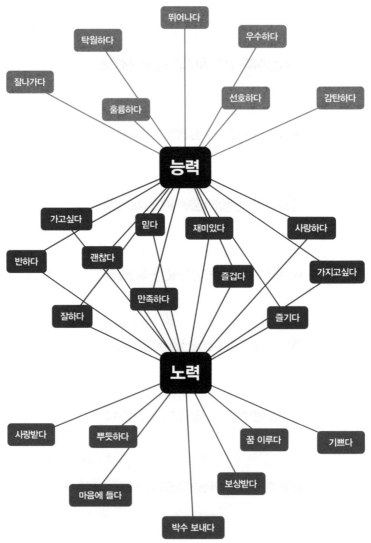

출처 | 생활변화관측소, 블로그·커뮤니티, 2017.01.01~2020.08.31

모델이 될 수 있다. 다른 누군가가 완벽히 세팅해준 무대에서 연기하는 신비주의 배우보다 일상을 직접 포스팅하고 팔로어와 적극 소통하는 인플루언서가 영향력 있는 것도 이 때문이다. 그의 처음이 나와 별반 다르지 않았고, 그의 지금이 매일을 성실하게 살아온 (정기적으로 포스팅하고, 유입률을 높이기 위해 해시태그를 고르고…) 결과라는 사실이 주는 위안과 희망, 그리고 나와 소통하고 공감대를 형성한다는 동류의식은 인플루언서의 영향력을 더욱 강화한다.

지금의 시대정신은 공정한 출발선을 지키고, 그 길을 가기 위해 어떤 노력과 시간을 들였는지 진정성을 보여주고, 권위를 갖더라도 그것이 내게서 나온 게 아니라 누군가가 만들어주었음을 잊지 않는 겸양의 자세를 가지라고 요구한다. 이러한 시대정신은 기업의 CSR 활동에도 변화를 요구한다.

누가 F&B 브랜드 오뚜기를 '갓뚜기'로 만들었나? 오뚜기가 본격적으로 주목받은 것은 2016년 함영준 회장이 1500억 원이 넘는 상속세를 정직하게 납부하기로 하면서다. 어찌 보면 너무 당연한 룰을 지킨 것뿐이지만 그동안 한국의 많은 기업 경영층이 일삼았던 각종 비리와 편법은 도리어 오뚜기의 정직한 방식을 낯설게(?) 느끼게끔 했다.

정직한 기업이라는 캐릭터가 재발견되고 '갓뚜기'라는 이름이 붙여지자 소비자들은 자발적으로 그들의 미담을 '발굴'하기 시작했다. 선대 회장 때부터 지속해온 심장병 어린이 후원과 정규직 채용 확대, 자사 제품 가격 동결 등 직접 말하지 않아도 '갓뚜기'에 대한 미담은 소셜미디어에 퍼져나갔고, 최근에는 뮤지컬 배우이자 함영준 회장의 장녀인 함연지 씨가 '햄연지'라는 유튜브 채널을 운영하며 오뚜기를 더욱 친숙하게 만드는 데 일조하고 있다.

함연지 씨의 유튜브 채널 운영에 대해 일각에서는 오너리스크를 염려하기도 한다. 하지만 디지털 월드는 쌓여진 기록과 그 기록을 만들어간 시간으로 나를 보여주는 곳이다. 실수나 실패보다는 실수 후에 어떻게 대처했는지, 실패가 어떤 성장의 밑거름이 되었는지 보여주는 것이 더 중요하다. 비판을 두려워하지 않고 기꺼이 자신을 보여주고, 함께 소통하기 위해 한발 나아간 것은 우려가 아니라 박수를 받아야 마땅하다.

> "A라면 파였지만 맛에 좋은 msg가 빠진 후 맛이 변해버려… 쳐다보지도 않게 됨. 그러다 갓뚜기를 알게 되었고… 매년 엄청난 맛의 발전과 가격 동결로 엄청난 갓뚜기 팬이 됨"
> "진라면 소컵 밑면에 의료진 덕분에♥라고 적힌 거 아세요? 진짜 갓뚜기 가슴이 뭉클…
> Re) 오뚜기가 오뚜기 했네…"

공정성, 진정성과 더불어 이 시대가 요구하는 정신으로 한 가지 더 강조하고 싶은 것이 있다. 바로 윤리적 감수성이다. 윤리적 감수성은 타인의 고통을 감지할 수 있고, 문제가 무엇이며 이로부터 어떤 사태가 벌어질 위험이 있는지 상상할 수 있고, 그 사태에서 자신이 무관하지 않음을 성찰할 수 있는 능력까지 포괄한 개념이다. 주로 환경이나 동물, 젠더 이슈를 다룰 때 요구되는 개념이었으나 지금은 특정 기업/브랜드의 제품을 소비하는 데에도 강력한 영향을 미치고 있다. 생산자에게 정당한 대가를 지불하는 공정무역부터 제품의 생산부터 유통·폐기에 이르는 전 과정에 환경에 미치는 영향을 최소화한 친환경 제품, 동물 실험을 하지 않고 만든 크루얼티프리(cruelty-free) 제품, 동물권을 지지하며 완전한 채식을 실천하는 비건까지 윤리성에 대한 요구는 소비와 라이프스타일에 걸쳐 다양하게 나타나고 있다. 소비자들 또한 완전 비건을 실천하지는 못해도 간헐적 비건식을 시도한다든가 쇼핑을 끊지는 못해도 포장 쓰레기가 덜 나오는 업체를 의식적으로 이용하는 등 일상에서 실천할 수 있는 작지만 의미 있는 행위에 동참하고 있다.

  기성세대에게는 내 가족과 내 나라가 아닌 이름 모를 동물과 전 지구를 위해 돈을 더 지불하고 불편함을 감수하는 행위가 의아할지도 모른다. 하지만 젊은 세대가 떠올리는 '동물'은 기성세대의 그것과 다르다. 그들에게 동물이란 〈동물의 왕국〉 속 치타와 톰슨가젤의 추격전이 상징하는 약육강식의 비정함이 아니라 페이스북 페이지 'Happy Cats'의 사랑스러운 아기고양이이며, 인터넷 매체 '애니멀플래닛'이 보도한 빙하 조각에 위태롭게 서 있는 북극곰이자, 코에 플라스틱 빨대가 꽂혀 고통스러워하는 바다거북이다. 디지털은 저 아파하는 생명체와 내가 결코 동떨어져 있지 않음을 상기시키고, 해수면이 상승하고 빙하가 녹아 내리는 전 지구적 문제를 눈앞에서 실감하게 한다. '이대로 우리는 이 땅에 계속 살아갈 수 있는가?'라는 질문이 간헐적이지만 끈질기게 떠오른다.

윤리적 감수성에 대한 시대적 요구는 그 어느 때보다 높아졌다. 소비자는 수많은 선택지에서 조금 불편하더라도 좀 더 나은 미래를 위한 선택을 시작했다. 지구를 위해 장바구니를 들고, 다회용 용기를 챙겨서 마트에 가 자신의 용기에 식품을 담아달라고 요청한다('#용기내서_용기내세요'). 예쁘지는 않아도 재활용하기 좋게 최소한의 라벨지로 포장된 제품을 산다. 디지털 공화국의 시민으로서 좀 더 나은 미래를 위한 선택지를 제공하는 기업에 투표하기 시작한 것이다. 스웨덴의 청소년 환경운동가 그레타 툰베리의 말처럼 "좋아하든 아니든, 변화는 다가오고 있"다. 우리 브랜드는 다가올 변화에 어떤 준비가 되어 있는가?

"제로웨이스트를 시작한 계기가 바다거북이가 플라스틱 빨대로 고통받는 유튜브를 보고 나서부터예요. 거북이의 아파하는 모습을 절대로 잊지 못할 것 같아요. 앞으로 제로웨이스트도 쭉 실천해 나가려고요"
"불완전하더라도 비거니즘을 지향하며 육류를 생산해내는 과정에서의 동물권과 환경에 미치는 영향을 의식하고 살아가야지. 소소한 변화가 후에 큰 변화로 이어지는 아주아주 작은 알갱이 하나는 될 수 있을 거라고 믿으면서 (…) 같은 의미에서 비욘드미트 주식도 샀음. 이렇게 공감대를 가지고 가치투자한 주식은 떨어져도 눈물이 안 나던데 심지어 오르고 있다 역시 옳은 행동 옳은 투자…♥"

〈'#비건', '#제로웨이스트' 언급 추이〉

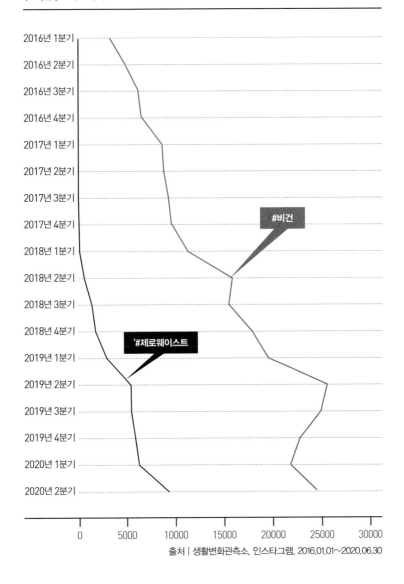

#비건

'#제로웨이스트

0   5000   10000   15000   20000   25000   30000

출처 | 생활변화관측소, 인스타그램, 2016.01.01~2020.06.30

"모든 미래 세대의 눈이 여러분을 향해 있습니다.
여러분이 우리를 실망시키는 선택을 한다면
우리는 결코 용서하지 않을 것입니다.
여러분이 이 책임을 빠져나가도록
내버려두지 않을 것입니다.
바로 여기, 바로 지금까지입니다.
더 이상은 참지 않습니다.
전 세계가 깨어나고 있습니다.
여러분이 좋아하든 아니든, 변화는 다가오고 있습니다."

- 그레타 툰베리, 2019 유엔 기후행동 정상회의 연설 중

나는 소비한다, 그리하여 세상을 바꾼다

괴테는 자서전 《시와 진실》에서 "한 시대는 그에 순응하는 사람이든 저항하는 사람이든, 개인을 인도하고 규정하고 형성한다"고 말했다. 한 시대는 그 시대를 사는 개인들에게 과업을 부여한다. 1970~80년대에 청장년 세대였던 베이비부머가 한 세월을 '근로자'의 정체성으로 살며 경제발전을 이루었다면, 1990년대와 2000년대에 청장년 세대였던 X세대는 IT 기술로 새로운 산업을 만들어낸 '기업가'이자 경제적 풍요를 처음으로 맛본 '소비자'였다. 그리고 지금의 청년 세대인 밀레니얼과 Z세대는 선대가 누리지 못한 풍부한 소비문화와 디지털 환경 속에 성장해 '나'를 경영하는 '크리에이터'가 되어 세상에 족적을 남기고, 소비문화를 마음껏 즐기면서도('#자본주의의맛', '#자본주의만세') 한편으로 다음 세대를 생각하는 의식 있는 소비자('#의식있는삶', '#의식있는소비')로 세상을 바꾸어 나가길 꿈꾸고 있다.

새로운 시대의 소비자는 지금까지와는 다르다는 점을 명심하자. 그들은 디지털의 정보와 연결성을 무기로 나에게 가장 득이 되는 플랫폼을, 나를 의미 있는 사람으로 만들어주는 브랜드를, 나와 시대의 가치관에 공감하는 브랜드를 빠르게 찾아내 거기에 투표한다(다른 말로 '소비한다'). 좀 더 급진적으로 말하면, 새로운 세대에게 소비란 욕망을 충족하기 위해 재화를 '소모'하는 행위가 아니라 자신이 바라는 세상을 만들어가는 '정치' 행위가 되고 있다. 그러니 인간의 모든 것이 상품화되는 자본주의 체제를 비판했던 바버라 크루거의 유명한 명제 "I shop therefore I am"은 이제 다시 쓰여져야 할지도 모른다. '나는 소비한다, 고로 존재한다'가 아니라 '나는 소비한다, 그리하여 세상을 바꾼다'로 말이다.

우리 브랜드가 바라보는 고객은 어떤 사람인가? 우리 브랜드가 지향하는 가치는 무엇인가? 우리 브랜드가 꾸는 꿈은 우리 고객과 우리 사회의 어떤 열망과 일치하는가? 소비행위에 생산성을 부여하고, 윤리성을 추구하고, 브랜드 고유의 문화를 만들어가는 일은 어쩌면 우리 브랜드의 현재와 너무 멀게 느껴질지도 모른다. 다행히 디지털 월드는 당신의 사소한 발자국 하나하나가 기록되는 세계다. 처음에는 브랜드의 변화 시도를 미심쩍게 바라보던 소비자도 한 번, 두 번, 회가 거듭될수록 브랜드의 진정성을 인정하게 될 것이다. 지금 용기 있게 한걸음 내딛기를, 그리고 고객과 함께 성장하기를 바란다.

소비를 기록하게 하고, 생산성을 자극하라

소비는 쓰고 없어지는 것이어서는 안 된다. 기록에 남아야 하고, 자발적으로 기록할 만큼 자랑스러워야 하고, 소비하는 자의 정체성이 담겨야 한다.

#이구역리뷰왕 #나의비거니즘일기

브랜드의 정체성을 찾고, 문화로 확산시켜라

우리 브랜드의 코어는 지금의 소비자에게 어떤 '의미'를 줄 수 있는가? 한시적인 컨셉이 아니라 뼛속까지 내려가서 우리 브랜드만의 이름을 만들고, 그것을 부를 수 있는 문화를 주도하라.

#블랙야크bac #클린마운틴

의미에 투자하고, 완벽하지 않아도 시도하라

끝끝내 오지 않을 완벽보다 지금 내딛는 한걸음이 중요하다. 시대가 요구하는 윤리적 가치에 부응하는 일을 시작하고, 지속하라.

#올페이퍼챌린지 #알비백 #제로웨이스트장보기 #용기내서_용기내세요

아는 것과 안다고 생각하는 것은 다르다 : 직접 해보셨습니까?

코로나19가 미친 영향을 한 문장으로 요약하면 이러하다.

'공간은 제약하고 시간은 확장했다.'

이 영향에 대처하는 사람들의 자세를 한 문장으로 요약하면 이러하다.

'Being(있음)이 아니라 Doing(행함)으로 자신의 존재를 증명한다.'

자신을 보여주는 방식이 바뀌었다. 새로운 어딘가에 가고, 그곳에서 어떤 경험을 하는지 보여주는 것이 어렵게 되었을 때, 사람들은 나는 무엇을 좋아하고 무엇을 지속적으로 하고 그 무엇은 나에게 어떤 의미인지를 찾았다. 코로나 시대라고 해서 자신을 보여주는 것이 중요하지 않은 것은 아니다. 사람들이 각자의 공간에 머물고 얼굴을 마주하지 않을 때 나의 존재를 증명하는 일은 더욱 절실하다.

브랜드의 존재증명도 마찬가지다. 사람들을 하나의 유닛(unit), 브랜드도 하나의 유닛이라 한다면 코로나 시대에는 사람 유닛과 브랜드 유닛이 만날 가능성이 줄어들었다. 습관처럼 동네를 어슬

렁거리고 마트에 가고 집 근처 쇼핑몰을 돌아다니지 못하게 되었을 때 존재의미가 미미한 브랜드는 사람들을 만나기 어려워졌다. 사람들이 일부러 찾아오거나 일부러 검색해보아야 하는데 일부러 그런 수고를 할 가치가 없는 브랜드는 잊힐 수밖에 없다. 습관적 소비, 명분 없는 소비, 애매한 소비가 사라진다. 디지털 시대에 이런 소비는 사라질 거라고 수없이 이야기했는데 코로나19로 그 시기가 빨라졌다. 일순간 습관이 걷어졌다. 집 앞 편의점, 차 타고 40분 이상 가야 하는 교외의 프리미엄 아웃렛은 되지만 버스 타고 두어 정거장 가야 하는 6층짜리 쇼핑몰은 갈 이유가 없다. 이 가격에 이 품질이 의심스러울 정도로 가성비 좋은 브랜드, 줄서서 사야 하는 한정판 브랜드는 되지만 언제라도 살 수 있을 것 같은 3만 4000원짜리 브랜드는 살 이유가 없다. 브랜드도 존재를 증명해야 한다. 'Being'(있음)이 아니라 'Doing'(행함)으로 브랜드가 존재함을 증명해야 한다.

무엇을 어떻게 행할 것인가?

무엇을 행할지는 자신이 좋아하는 것, 잘할 수 있는 것, 나의 철학에 맞는 것으로 정해야 한다.

어떻게 행할지는 여기 정답이 있다.

하나, 남보다 먼저 해야 한다.

둘, 꾸준히 해야 한다.

셋, 직접 해야 한다.

넷, 기록으로 남겨야 한다.

브랜드의 존재를 증명하는 'Doing'은 선심 쓰듯 문득 행해지는 CSR과는 다르다. 취미처럼, 놀이처럼, 매출과 무관하면서도 나답게 꾸준히 해야 한다. 코로나로 집에 격리된 사람들이 자신의 취미를 찾고, 루틴을 만들고, 자신의 존재를 증명하기 위해 꾸준히 자신의 SNS 피드를 콘텐츠로 채워가는 것처럼, 브랜드도 자신의 아카이브를 쌓아가야 한다. 자신의 존재증명을 남의 손에 맡기는 사람은 없다. 브랜드도 직접 자신의 정체성을 밝히고 그 증거를 쌓아가야 한다. 아카이브 시대의 서막이 올랐다. 지금부터 시작이다.